光明社科文库
GUANGMING DAILY PRESS:
A SOCIAL SCIENCE SERIES

·经济与管理书系·

# 出口市场多元化研究

## ——以贸易存续期与中国制造业为视角

杨晓云 | 著

光明日报出版社

图书在版编目（CIP）数据

出口市场多元化研究：以贸易存续期与中国制造业
为视角 ／ 杨晓云著 . －－北京：光明日报出版社，
2021.6

ISBN 978－7－5194－6024－2

Ⅰ.①出… Ⅱ.①杨… Ⅲ.①出口市场—多元化—研
究—中国 Ⅳ.①F752.69

中国版本图书馆 CIP 数据核字（2021）第 078005 号

出口市场多元化研究 ：以贸易存续期与中国制造业为视角
CHUKOU SHICHANG DUOYUANHUA YANJIU：
YI MAOYI CUNXUQI YU ZHONGGUO ZHIZAOYE WEI SHIJIAO

| | | |
|---|---|---|
| 著　者：杨晓云 | | |
| 责任编辑：宋　悦 | 责任校对：袁家乐 | |
| 封面设计：中联华文 | 责任印制：曹　净 | |

出版发行：光明日报出版社

地　　址：北京市西城区永安路 106 号，100050

电　　话：010－63169890（咨询），63131930（邮购）

传　　真：010－63131930

网　　址：http：//book. gmw. cn

E－mail：songyue@ gmw. cn

法律顾问：北京德恒律师事务所龚柳方律师

印　　刷：三河市华东印刷有限公司

装　　订：三河市华东印刷有限公司

本书如有破损、缺页、装订错误，请与本社联系调换，电话：010－63131930

| | | |
|---|---|---|
| 开　　本：170mm×240mm | | |
| 字　　数：174 千字 | 印　　张：14.5 | |
| 版　　次：2021 年 6 月第 1 版 | 印　　次：2021 年 6 月第 1 次印刷 | |
| 书　　号：ISBN 978－7－5194－6024－2 | | |
| 定　　价：89.00 元 | | |

# 目　录
## CONTENTS

# 第一章

# 绪 论

改革开放近 40 年来，出口贸易在我国开放性经济格局中发挥了巨大作用。我国货物贸易出口额从 1978 年的 136 亿美元增长至 2016 年的 20976 亿美元，年均增长率超过 15%。经济总量对出口贸易的依存度由改革开放初期的约 5% 逐步攀升，在峰值期间超过 35%。2008 年全球金融危机爆发后，美欧经济体深受重创，我国货物出口贸易出现了改革开放后的首次负增长，出口依存度也由此前持续超过 30% 滑落至 20% 左右，并有继续下行趋势。在此背景下，保持中国对外贸易的平稳增长，继续拓展外向型经济发展的新空间，不断开拓潜在出口目的地，深化出口市场多元化战略，具有了更为现实的意义。本研究基于新新贸易理论的理论框架，从出口存续期视角深入探讨我国制造业出口市场多元化的实现机制与实施路径。本章将主要就研究背景、研究意义、研究开展的思路和方法以及可能的创新点和不足之处进行阐述。

# 第一节 选题背景

## 一、现实背景

金融危机已逾十年，但直至今日我国的出口形势依然不容乐观，2014 年以来，货物贸易出口额连续两年负增长，出口依存度降至中国加入世界贸易组织以来的最低值，仅为 18.6%。究其原因，尽管我国政府早在"七五"计划之时就倡导出口市场多元化战略，并于"八五"计划开始正式实施，但三十余年来，其总体实施效果仍不尽如人意（马相东和王跃生，2017），我国出口市场地理区位高度集中的状况并未得到根本扭转。

考虑到香港转口贸易的巨大体量，本书计算了我国内地对美国、日本、欧洲和香港地区的货物贸易出口额占我国内地总出口额的比值，如表 1-1 所示。对美、日、欧、港四大市场的出口占比在 20 世纪 90 年代初期逾 80%，在 1995—2005 年期间仍徘徊在 70% 左右，此后尽管美欧经济遭遇了次贷危机与债务危机的双重打击，我国内地对美、欧的货物出口占比也仅出现缓步下滑，至 2016 年，美、日、欧、港依然占据了我国内地出口贸易的半壁江山。金融危机之后，美国制造业重振，欧元区在多种不确定因素下踟蹰不前，日本经济持续低迷，中国传统出口市场需求扩张乏力，这些都对稳固我国对外经济发展格局构成严峻考验。

表1-1 美、日、欧、港在我国内地货物贸易中的出口比重

| 年份 | 出口总额（亿美元）（100） | 对美出口额（占比%） | 对日出口额（占比%） | 对欧出口额（占比%） | 对港出口额（占比%） | 四大市场总占比（%） |
|---|---|---|---|---|---|---|
| 1990 | 620.9（100） | 51.7（8.3） | 90.1（14.5） | 93.1（15.0） | 266.5（42.9） | 80.7 |
| 1995 | 1487.7（100） | 247.1（16.6） | 284.6（19.1） | 229.8（15.4） | 359.8（24.2） | 75.3 |
| 2000 | 2492.0（100） | 520.9（20.9） | 416.5（16.7） | 454.8（18.3） | 445.1（17.9） | 73.8 |
| 2001 | 2661.5（100） | 542.8（20.4） | 449.5（16.9） | 492.3（18.5） | 465.4（17.5） | 73.3 |
| 2002 | 3255.9（100） | 699.4（21.5） | 484.3（14.9） | 582.7（17.9） | 584.6（18.0） | 72.3 |
| 2003 | 4382.2（100） | 924.6（21.1） | 594.0（13.6） | 881.6（20.1） | 762.7（17.4） | 72.2 |
| 2004 | 5933.2（100） | 1249.4（21.0） | 735.0（12.4） | 1223.8（20.6） | 1008.6（17.0） | 71.0 |
| 2005 | 7619.5（100） | 1628.9（21.4） | 839.8（11.0） | 1656.2（21.7） | 1244.7（16.3） | 70.4 |
| 2006 | 9689.3（100） | 2034.4（21.0） | 916.2（9.4） | 2153.6（22.2） | 1553.1（16.0） | 68.6 |
| 2007 | 12177.7（100） | 2326.7（19.1） | 1020.1（8.4） | 2878.4（23.6） | 1844.3（15.1） | 66.2 |
| 2008 | 14306.9（100） | 2523.8（17.6） | 1161.3（8.1） | 3434.2（24.0） | 1907.3（13.3） | 63.0 |
| 2009 | 12016.1（100） | 2208.0（18.4） | 978.6（8.1） | 2646.5（22.0） | 1662.2（13.8） | 62.3 |
| 2010 | 15777.5（100） | 2832.8（18.0） | 1210.4（7.7） | 3351.8（21.2） | 2183.0（13.8） | 60.7 |
| 2011 | 18983.8（100） | 3244.5（17.1） | 1482.7（7.8） | 4135.7（21.8） | 2679.8（14.1） | 60.8 |
| 2012 | 20487.1（100） | 3517.7（17.1） | 1516.2（7.4） | 3963.9（19.3） | 3234.3（15.8） | 59.6 |
| 2013 | 22090.0（100） | 3684.0（16.7） | 1501.3（6.8） | 4057.4（18.4） | 3844.9（17.4） | 59.3 |
| 2014 | 23422.9（100） | 3960.6（16.9） | 1493.9（6.4） | 4388.2（18.7） | 3630.7（15.5） | 57.5 |
| 2015 | 22734.6（100） | 4092.1（17.9） | 1356.1（5.9） | 4032.4（17.7） | 3304.6（14.5） | 56.0 |
| 2016 | 20976.3（100） | 3852.7（18.4） | 1294.1（6.2） | 3899.1（18.6） | 2872.5（13.7） | 56.9 |

数据来源：《中国统计年鉴》。

自 2010 年以来，中国连续八年保持全球最大货物贸易出口国地位，过度依赖少数出口市场的做法已经难以为继。对少数出口市场的高度依赖不仅使我国出口形势极易受到主要出口市场经济冲击的拖累，也频繁地引发贸易摩擦，并动辄诉诸反倾销、反补贴、关税、汇率或知识产权等方面的纠纷，从近期不断升级的中美"贸易战"中便可窥一斑。发现新的出口市场是促进发展中国家经济增长的重要驱动力（Evenett & Venables，2002），我国巨大的出口产能唯有通过多元市场分摊消化，出口市场多元化战略势必成为中国保持贸易大国地位，推进贸易强国进程的必然选择。这也促使我国政府不断积极探索出口市场多元化的实施路径，不仅在"十三五"规划中明确了"优化外贸布局，推动出口市场多元化，提高新兴市场比重"的基本策略，在具体实施方面，也适时推出了丝绸之路经济带和 21 世纪海上丝绸之路（"一带一路"）倡议，旨在增进贸易便利化程度，开发沿线国家出口市场。

## 二、理论背景

国际贸易理论已经对出口贸易构建了较为全面的研究体系，诸如"谁出口、出口什么、什么时候出口和为什么出口"均能得到解答，但贸易存续期问题仍是一个尚待深入探索的范畴（Besedeš & Prusa，2006a）。从政策制定者的角度来看，探讨贸易发生的原因固然重要，但研究贸易关系的维持过程以及贸易量的扩张过程也具有重要的理论与实践价值。

出口存续期与出口市场多元化统一于出口增长的二元边际理论框架下。新新国际贸易理论将出口增长的原因归结于集约边际和扩展边际，其中，扩展边际是由新的贸易关系建立（新的出口企业、出口市场、出口产品及其组合）带来的出口增长，集约边际是沿着现有贸易关系的规模扩张。出口市场多元化归属于出口扩展边际早已有所定论。相对而言，出口存续期则是集约边际的一个新维度。Besedeš 和 Prusa（2007）将出口增长分解为三个不同的组成部分：一是建立新的贸易伙伴和出口市场，二是贸易关系的维持和延续（时间），三是现有贸易关系的深化（规模）。他们认为第一部分导致了出口关系的增加，应为出口的扩展边际，后面两部分解释了一国贸易的深度（depth）或密集程度（intensity），应为出口的集约边际。Rakhman（2011）主张在出口集约边际下继续细分，并分解为"存续（survival）"和"深化（deepening）"两个维度。长期以来，二元边际理论侧重于探讨扩展边际与集约边际在贸易增长中的作用，孰轻孰重？事实上，集约边际的出口存续期对扩展边际中的出口市场多元化具有正向的促进作用，二者之间的联结机制表现在出口存续期对出口市场特定进入固定成本的削减作用，进而促进了企业出口市场扩张。因此，本书的研究结论将使出口二元边际的内在关系由对立走向互补。

## 第二节 研究意义

### 一、现实意义

第一，为全面认识我国出口市场多元化战略的政策演进和实施状况提供了现实依据。尽管出口市场多元化战略已启动 30 余年，但我国出口市场多元化的水平如何，实现过程如何，实现机制如何，对我国出口增长的贡献度如何，众多出口市场之间的关系又如何，既有文献对上述问题均未做出系统解答，更鲜有微观层面的经验研究支撑。宏观经济理论的研究必须具备微观基础，只有从中国出口企业视角分解出口市场多元化的变动趋势才能做出可信和稳健的定性与定量评价。本研究在梳理我国出口市场多元化战略政策演进的基础上，系统、全面地刻画了全国总体层面、制造业行业层面以及所有制和贸易类型结构下我国出口市场多元化的实施状况，以企业微观视角量化了出口市场多元化水平，验证了出口市场等级制度对中国的适用性，描述了企业多元出口市场的动态调整过程，并分解出了出口市场多元化对我国出口扩张的贡献度。

第二，为实施出口市场多元化战略提供了新的政策导向，为稳定我国贸易大国地位，继续发挥外贸对经济增长的拉动作用提供了理论依据和政策支撑。出口市场多元化是出口扩展边际的重要维度，是出口增长的主要动力源，还兼具抵御外部冲击，提升贸易条件，降低宏观经济波动，优化企业资源配置，实现范围经济和促进出口学习等诸多收益（Al－Marhubi，2000；Herzer & Nowak－Lehnmann D，2006；Bacchetta et al.，2007；Hesse，2009；Sakho & Gonzalez，2009；易会文和黄汉民，2014）。本书的研究从出口存续期视角为促进我国出口市场扩张寻找到一条全新的路径。同时本书的研究还表明，出口市场多元化战略的实施应有方向性和规划性，进入目标出口市场不一定要一蹴而就，依据市场相似性逐步延伸出口市场能在更大程度上利用前期经验积累降低出口固定成本，节约企业市场开发的投资费用，提高出口扩张的成功率和出口促进措施的有效性。

## 二、理论意义

第一，为深入研究出口存续期问题开启了新的领域。经典贸易理论暗含着贸易关系一旦建立，就会长期持续，或者变动极为缓慢（例如，根据要素禀赋理论的推断，贸易基于要素禀赋的相对差异产生，只要这种差异一直存在，贸易就会持续下去）的假定。因而，出口存续期是国际贸易理论界长期忽视的领域。自 Besedeš 和 Prusa（2006a，2006b）对贸易存续期问题做出开创性研究后，大量相关文献随之涌现。美国（Besedeš & Prusa，2006a）、德国（Nitsch，2009）、欧盟（Hess & Persson，2011）、西班牙（Esteve Pérez et al.，2013）、印度（Besedeš & Nair-Reichert，2009）、秘鲁（Volpe Martincus & Carballo，2009）、中国（邵军，2011；陈勇兵等，2012）的经验研究均表明企业或产品的出口贸易存续期往往不连续并且持续时间短。既有文献大量聚焦于对出口存续期现象本身的描述和解释，对出口存续期的经验研究主要集中于影响出口生存率的多种因素分析，理论研究则侧重于解释其负时间依赖性（negative duration dependence）的成因，却忽视了将出口存续期的持续时间作为企业出口经验获取渠道和积累载体的学术与实践价值，而本研究将基于这一视角深化对出口存续期问题的认识。

第二，为探索企业出口市场的扩张路径提供了思路。Melitz（2003）模型为理解企业出口状态的自选择过程奠定了理论基石，但由于出口市场的对称性假设，企业对各国的出口成本是相同的，企业或者不出口，或者向所有出口市场同时出口，企业只存在出口状态的差异，而没有出口市场的区别。反观现实，企业—出口市场对中大量存在的零值贸易是不争的事实。弥合理论与现实差距的突破口是承认不同市场出口固定成本的异质性。Chaney（2008）扩展了 Melitz 模型，引入非对称性的出口市场规模和固定贸易壁垒，并按照进入的便利程度对出口市场进行降序排列，如果出口企业进入了第 M 个市场，也必然进入列位于 M 之前的所有出口市场。出口市场等级制度对零值贸易流给出了合理解释，能够说明为什么企业会特别偏爱某些出口市场，且符合生产率越高的企业出口市场范围越广的事实。然而，它也并非现实世界的完美刻画。企业在出口市场扩张过程中并不一定遵循出口市场等级制度的严格顺序，甚至会进入一些"力所不能及"的市场（陈勇兵等，2015）。本研究以 Melitz（2003）分析框架为基础，构建了一个考虑企业生产率异质性，需要支付市场特定出口固定（沉没）成本的垄断竞争模型，在解释出口存续期对企业出口市场决策影响机制的同时，也为解答出口市场等级制度为何失效提供了思路。在此基础上，本书利用微观大数据统计方法，分别从产品和企业层面验证了出口存续期对出口固定成本的削减机制，并揭示了企业出口市场扩张的动态路径。

## 第三节　技术路线图与研究方法

### 一、本研究的技术路线图

本研究按照"理论联系实际"的研究思路，在梳理贸易存续期、出口市场多元化以及二者联结机制的相关文献的基础上展开了研究，技术路线图如图 1 – 1 所示。首先，以历史分析方法总结我国不同阶级出口市场多元化战略的政策取向，并通过分析微观企业出口数据研究我国出口市场多元化的实施状况；其次，就出口存续期对企业出口市场多元化的促进关系进行实证检验，揭示典型化事实；再次，以 Melitz（2003）分析框架为基础，构建了一个考虑企业生产率异质性，需要支付市场特定出口固定（沉没）成本的垄断竞争模型，厘清出口存续期影响企业出口市场决策，并进而提升企业出口市场多元化水平的理论机制；再其次，分别从微观产品层面与企业层面对理论机制进行实证检验，量化出口存续期对出口产品和出口企业进入潜在出口市场的作用效果，并采取多种稳健性检验方法保证结论的可信度；最后，在理论分析与实证检验的基础上，对出口市场多元化战略的实施政策提出建议与对策。

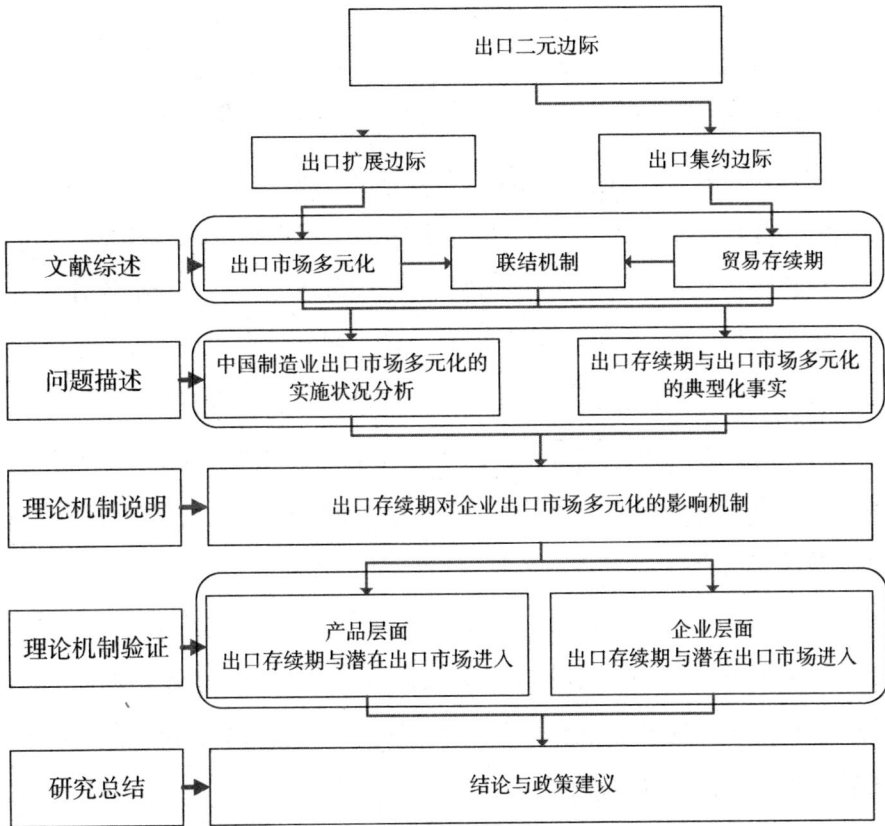

图 1-1 论文的研究思路及技术路线图

9

## 二、研究方法

本节试图在异质性企业贸易理论框架下研究出口存续期对中国制造业出口市场多元化的影响机制与作用效果，为了力求研究结论的实质性和稳健性，本研究尽可能采用多方法、多维度和多层面的分析，具体而言，本书的研究方法可以总结如下：

第一，规范与实证分析相结合。本书在梳理既有文献的基础上，对异质性企业出口决策的相关理论进行回顾，并在此框架下运用逻辑推演与数理经济学推导，说明出口存续期通过降低企业进入出口市场的固定（沉没）成本，对企业出口目的地的选择决策产生影响，并进而提升企业出口市场多元化水平的作用机制进行规范分析。在理论模型推导基础上，本书采用微观层面的样本数据对作用机制的影响效果进行了实证分析，有效检验了理论假说，做到了规范分析与实证分析的结合。

第二，产品与企业层面相结合。出口存续期对出口市场决策的影响效果是本书的重点章节，为了保证实证结果的可信度，我们同时采用了产品与企业两个维度的微观数据进行验证，其中，产品样本为1996—2016年中国向189个国家（经济体）出口产品的HS-6位数编码数据，企业样本为2000—2007年中国海关数据库与中国工业企业数据库的匹配数据，两个实证维度相辅相成，共同证明了延长出口存续期能够提高潜在出口市场进入的可能性。

第三，比较分析法。为了全面分析我国出口市场多元化的实施状况，以及出口存续期对中国制造业出口市场多元化的作用效果，本书的研究过程充分运用了比较分析法，进行了分组样本的统计与估计。具体来讲，本书根据所有制属性将样本企业分为国有、集体、私营和外资企业；按照贸易类型分为一般、加工和混合类贸易；按照企业所在地理区域，分为东、中、西部企业；按照出口产品技术水平分为中高技术与中低技术类；按照价格信息的可获性分为差异产品与同质产品。本书通过比较分析法揭示不同样本组之间的差异性，并尝试剖析其背后的机制，极大地丰富了研究内涵。

## 第四节　篇章结构

全书由以下八章组成。

第一章为绪论部分，主要对研究背景、研究意义、研究思路、研究方法、论文的创新点与不足进行简要介绍。

第二章为文献综述，该部分主要从贸易存续期、出口市场多元化，以及二者的联结机制三个方面进行文献梳理。其中，既有文献对出口存续期的研究起步较晚，并且主要集中于对出口存续期本身的描述与解释，忽视了其作为企业出口经验积累载体的学术意义和实践价值；对出口市场多元化的综述主要从出口扩展边际、出口市场多元化的实现过程及影响因素三个方面展开；对二者的联结机制研究主要从二者与出口固定成本的关系进行阐述。在此基础上，本书对相关文献做出了简要评述并指出了可行的研究方向。

第三章，在梳理我国出口市场多元化战略政策演进的基础上，主要利用 2000—2007 年中国海关数据库，系统、全面地刻画了全国总体层面、制造业行业层面以及所有制和贸易类型结构下我国企业出口市场多元化的实施状况，以企业微观视角量化了出口市场多元化水平，验证了出口市场等级制度对中国的适用性，描述了企业多元出口市场的动态调整过程，分析出了出口市场多元化对我国出口扩张的贡献度。

第四章用 2000—2007 年中国工业企业数据库与中国海关数据库的匹配数据研究出口存续期与企业出口市场多元化水平之间的直接关系，研究发现出口存续期与出口市场多元化之间呈现"倒 U 形"关系，并且中国制造业企业的出口存续期取值区间位于"倒 U 形"曲线的左侧，出口存续期促进了企业出口市场多元化水平的提升。采取多种稳健性检验方法，如变更了出口存续期的计算方式以及出口市场多元化的定义方式，采取滞后期变量和工具变量法缓解双向因果关系带来的内生性问题，这些方法以及应用广义倾向得分匹配法缓解了样本选择偏误带来的内生性问题，这些方法均不改变出口存续期对企业出口市场多元化的促进作用。

第五章为理论机制分析。该章在 Melitz（2003）模型基础上引入了出口市场特定的出口固定（沉没）成本，构建了一个垄断竞争的局部均衡模型。模型表明出口存续期越长的企业，进入潜在出口市场的零利润生产率门槛值越低，提高了其扩张出口市场的可能性，并进而提升了出口市场多元化水平。

第六章从产品层面对理论机制进行实证检验。该部分采用 1996—2016 年中国向 189 个国家（经济体）出口产品的 HS－6 位数编码数据，运用 Logit 模型验证产品出口存续期对潜在出口市场扩张的影响效果。研究发现产品出口存续期与潜在市场进入之间具有"倒 U 形"关系，出口存续期对潜在出口市场扩张的促进作用会随时间而衰减，并且在超过一定临界值后体现出抑制作用。采用线性概率模型对市场进入进行更为严格的约束后，均不影响结论的稳健性。与同质产品相比，差异产品在进入新市场时需要支付更多的信息搜寻成本，其出口市场的实现比同质产品更为困难，而出口存续期能够有效降低市场进入的固定成本，推动该类产品的出口市场扩张。

第七章从企业层面对理论机制进行实证检验。该部分采用2000—2007年中国制造业企业出口微观数据,研究出口存续期与企业出口市场扩张的因果关系。Logit模型的实证结果表明,出口存续期越长的企业,进入潜在出口市场的可能性越大,并且地理模式扩张是我国企业拓展出口市场的重要路径。在对市场进入做出严格约束并且考虑可能存在的内生性影响后均不改变结论的稳健性。此外,也得出了外资企业的出口存续期对其潜在出口市场开拓的作用效果强于内资企业的结论。

第八章为主要结论与政策建议。该章首先对前文的研究结论进行了总结,进而就我国出口市场多元化战略的开展提出若干建议,最后结合当前的研究进展与研究趋势对后续研究做出展望。

## 第五节　本研究的创新点与不足

### 一、本研究的创新点

本研究可能的创新性主要体现在以下四个方面:

第一,研究视角创新。出口存续期是国际经济学理论研究中的一个较新领域。既有文献主要聚焦于对出口存续期现象的描述及其影响因素的分析,仅将其视为一个"被决定的因素",却忽视了出口存续时间作为企业出口经验获取渠道和积累载体的学术意义与实践价值。另一方面,出口市场多元化战略在中国已实施了三十余年,对出口体量庞大且贸易纠纷频发的当下更具有现实意义,但可能是受制于微观数据的可获性，过去却鲜有文献对其实施状况和实现机制进行深入探索。本书试图寻找出口存续期与出口市场多元化的联结机制，对出口存续期提升出口市场多元化水平的现象和机理进行理论与实证研究，不仅是对如何开展出口市场多元化战略的有益探索，也为重新看待出口二元边际的内部关系开启了新的思路。

第二，研究方法创新。本书研究方法的创新主要体现在两个方面：首先，针对目标出口市场的出口存续期指标构建，考虑到了当前出口市场与潜在出口市场之间在经济和地理层面的相似性，以及贸易规模和出口存续期的时效性；其次，为了提高本书的质量和可信度，对于书中不同的研究主题综合运用了多种实证手法。为了考察出口存续期与出口市场多元化之间的直接关系，本书采用了面板固定效应模型，工具变量面板 2SLS 估计，以及 Hirano 和 Imbens（2004）提出的广义倾向得分匹配法（generalized propensity score matching method）。为了验证出口存续期对潜在出口市场开拓的促进效果，本书采用了 Logit 模型和线性概率模型，并引入了交互项探讨样本分组差异，从产品和企业两个维度细致考察来自中国制造业的经验证据。

第三，研究内容创新。尽管已有文献从产品层面开创性地探索了出口存续期与潜在市场进入之间的因果效应，但一是缺乏理论模型支撑，二是其实证研究或是停留在中观行业层面，或是在出口存续期指标的测算上忽视了市场相似性及出口存续期的时效性。本书不仅构建了影响机制的理论模型，在出口存续期指标的计算上也考虑得更为全面，并首次采用企业层面数据对影响机制予以实证。此外，对出口存续期与出口市场多元化水平的直接关系也进行了检验。

第四，研究结论创新。本书的研究最终立足于为完善我国出口市场多元化战略的实施路径提供理论依据，并提出一些有益的政策建议。第一，作为全球第一的货物出口国，我国企业出口市场多元化已经达到了较高水平，多元市场出口企业不仅是中国出口市场中的主体力量，也是中国出口份额的主要创造者。出口市场多元化既能够在中国出口的高速增长期"锦上添花"，也能够在主要出口市场出现负面冲击时"雪中送炭"，出口市场多元化战略不应仅作为一种权宜之计，且需要长期稳定地实施下去。第二，出口政策应由过去仅侧重完成"内销"向"出口"的节点突破，转变到注重对已出口企业的全程指导。第三，要注重出口关系的延续性。既然延长企业在出口市场的存续状态是实现出口市场多元化的有效途径，那么帮助企业抵御各类海外市场风险的政策措施不仅会在集约边际上发挥作用，还可以为扩展边际的扩张提供条件，在更大程度上促进出口增长。第四，出口市场多元化战略的实施应有方向性和规划性，目标出口市场的进入不一定要一蹴而就，依据市场相似性，逐步延伸出口市场能在更大程度上利用前期经验积累降低出口固定成本，节约企业市场开发的投资费用，提高出口扩张的成功率和出口促进措施的有效性。

总体而言，本研究在企业出口市场多元化的微观分解、市场特定出口固定（沉没）成本的理论模型构建、出口存续期指标量化与实证手段等方面都具有一定的创新性。

## 二、本研究存在的不足

第一，样本数据的时间跨度与时效性有所欠缺，一些关键指标有所缺失。首先，为了支撑对出口存续期指标的量化，样本的时间跨度越长越有利，即需要"大 T 大 N"型数据。本书的分析主要采用了微观层面样本，其中微观企业样本数据来自中国海关数据库与工业企业数据库的对接，尽管我们已经使用了最新发布的海关数据，但其样本跨度为2000—2007年，出口存续期最长也仅为 8 年。其次，企业层面的特征指标主要来自中国工业企业数据库，但计算企业全要素生产率所需的工业增加值、工业总产值在部分年份存在缺失，只能通过其他指标进行套算。另外，企业样本所体现的出口状况主要涵盖了我国出口贸易的高速增长期，与当前贸易增长"失速"的现实有一定差距。需要指出的是，上述缺陷并不影响本书的研究机理分析，因此，企业层面数据仍是本书最主要的研究依据。

第二，研究维度还可以进一步细化和分解。本书的研究仅立足于企业—市场对层面，忽略了多产品出口企业的事实，毕竟多产品出口企业才是国际贸易企业的主体形式（钱学锋等，2013）。因此，研究维度还可以进一步细化到企业—产品—市场对层面，并在理论模型中同时引入市场特定的出口固定成本与产品特定的出口固定成本，探讨出口存续期对出口企业在市场与产品种类两个维度扩张的影响机制和作用效果。

# 第二章

# 文献综述

本书的主要内容是出口存续期对出口市场多元化的影响机制和作用效果的理论与实证研究。因此，文献综述部分将分别以贸易存续期、出口市场多元化以及二者之间的联结机制三个方面为出发点进行相关文献的梳理与归纳。

## 第一节　有关贸易存续期的研究

存续时长是表征企业绩效最为全面的指标之一（Stigler，1958），出口存续期对企业就业和产出的影响显著而持久（Girma et al.，2003）。然而，尽管国际贸易理论已经对出口贸易构建了较为全面的研究体系，诸如"谁出口、出口什么、什么时候出口和为什么出口"均能得到解答，但贸易存续期问题仍是一个尚待深入探讨的范畴（Besedeš & Prusa，2006a）。在传统贸易模型的框架下，分工模式的变动取决于要素积累、技术扩散或产品生命周期等渐进形成的因素，只要差异持续存在，贸易关系在形成之后就会长期持续下去或者变动极为缓慢，暗含了一旦贸易格局确立就会长久保持的假定。因此，国际经济学领域的大量研究聚焦于贸易为什么会发生，对贸易终止的原因却缺乏应有的关注（Hess & Persson，2011）。近年来，贸易存续期才开始进入经济学家的视野（Rakhman，2011）。

## 一、贸易存续期的特征

出口产品的贸易存续期往往持续时间短且不连续。Besedeš 和 Prusa（2006a，2006b）是对贸易存续期予以关注的早期学者，他们基于1972—1988 年 TS 7 位数和 1989—2001 年 HS－10 位数高细分化的贸易数据，对美国进口产品的贸易存续期进行了测度，结果表明 50% 以上的贸易关系仅能维持一年，而 80% 的贸易关系不超过 5 年。样本中的出口国对美国的平均出口存续期为 2～4 年，这一结论不受出口来源国及其地区分布的影响。Besedeš 和 Prusa（2007）使用从 46 个国家出口到 181 个进口国的制造业 4 位数 SITC（Revision1）出口数据，对每个出口国基于 K－M 模型做出估计，发现出口关系的持续期非常短，中位数仅为 1～2 年。Brenton 等（2010）对 82 个发展中国家 1985—2007 年的贸易数据进行统计，发现仅有三分之一的贸易持续时间超过 5 年。Besedeš 和 Blyde（2010）基于 SITC 4 位数产品分类研究拉丁美洲地区的出口贸易持续期，结果显示其产品出口存续期短暂，出口生存率低于美国、欧盟和东亚国家。Hess 和 Persson（2011）发现欧盟进口关系的存续期在较长时期内保持了稳定性，但持续时间非常短，程度比美国更甚，美国的进口存续期平均不足一年，而几乎 60% 的欧盟进口关系会在第一年终止，约 75% 的贸易流在前两年终止，仅有不超过 10% 的贸易关系存活期超过 10 年。有学者在对中国产品贸易存续期的研究中也得出了类似结论。邵军（2011）采用中国 1995—2007 年 HS－6 位数分类编码从微观产品视角研究中国出口贸易持续期，发现中国出口贸易持续期的均值和中位数分别仅为 2.84 和 2 年，将样本值限定在贸易额高于一万美元后，贸易持续期的均值和中位数分别为 3.16 和 2 年。上述研究表明进口或出口贸易存续期的短暂和不连续性对于全球各经济体均是一个普遍现象。

对贸易存续期的持续情况进行刻画的另一切入点是从微观企业视角入手，但可能是受限于数据的可获性，这一视角的研究相对不多。Besedeš 和 Nair – Reichert（2009）对印度企业出口数据的研究表明，出口存续期的中位数为 4 年，而制造业企业是 7 年。Volpe 和 Carballo（2009）分析秘鲁出口企业在 2000—2006 年期间的出口存续期，发现中位数仅为 1 年，在 2005 年进入国外市场的 2100 个秘鲁企业中，约54.4%的企业在 2006 年停止出口。Esteve Pérez 等（2013）分析西班牙企业 1997—2006 年的贸易关系，发现企业出口状态高度持续，但企业的目的地市场极具动态性，企业—国家对（firm – country pair）出口关系存续期的中位数为 2 年，一旦企业在特定出口市场维持超过 2 年之后，退出该市场的风险将急剧下降。陈勇兵等（2012）利用 2000—2005 年中国工业企业数据库与中国海关数据库的匹配数据，发现中国企业出口持续期均值为 1.6 年，中位数为 3 年，持续时间超过一年的贸易关系为 67%，超过 3 年的贸易关系约为 47%，出口持续时间具有负的时间依存性。

## 二、贸易存续期与出口集约边际

贸易增长依赖扩展边际和集约边际已经形成定论，尽管学者对二元边际研究的出发点不同，但无论从宏观还是微观层面进行分解，扩展边际都表现为由新的贸易关系建立（新的出口企业、出口市场、出口产品，或其组合）带来的出口增长，而集约边际是沿着现有贸易关系的贸易规模扩张。出口存续期是一种重要的新出口边际。Besedeš 和 Prusa（2007）将出口增长分解为三个不同的组成部分：一是建立新的贸易伙伴和出口市场，二是贸易关系的维持和延续（时间），三是现有贸易关系的深化（规模）。他们认为第一部分导致了出口关系的增加，应为出口的扩展边际，后两部分解释了一国贸易的深度（depth）或密集程度（intensity），应为出口的集约边际。Rakhman（2011）主张在出口集约边际下继续细分，并分解为"存续（survival）"和"深化（deepening）"两个维度。可见，出口存续期构成了出口集约边际的一个新维度。

事实上，文献中并不乏用出口存续期解释贸易增长的事实，较长的贸易持续时间促进了贸易的持续平稳发展（陈勇兵等，2012）。Besedeš 和 Prusa（2007）指出对于发展中国家而言，驱动总出口持续增长的关键因素是尽可能提高现有贸易流的持续期。他们以成功的发展中国家为参照，采用反事实的方法识别二元边际对出口增长的重要性，发现集约边际是决定贸易增长的关键因素。与成功的发展中国家相比，不成功者最重要的差距体现在集约边际，扩展边际上的差距虽然也存在，但较之集约边际的差距要小很多。Besedeš 和 Blyde（2010）在分析拉丁美洲地区出口贸易数据时，沿用了 Besedeš 和 Prusa（2007）的反事实方法，以东亚地区的平均风险率为参照标准，替代拉丁美洲国家的风险率，发现对于典型的拉丁美洲国家而言，出口年增长率将从 8.6% 增加到 10.1%，即上升 1.5%，如果考虑 1975—2005 年的较长时期，增长率将从 1601% 大幅提升到 2006%。

### 三、贸易存续期的影响因素研究

鉴于出口存续期对出口增长的重要意义，学者对出口贸易存续期的影响因素也予以关注，并涌现出一批此类文献。Besedeš 和 Prusa（2006a）发现出口存续期具有负的时间依存性（negative duration dependence），出口第一年的失败风险率为 33%，第一年至第五年风险率会额外增加 30%，但一旦生存期超过 5 年，风险率就降低为 7% ~ 12%，这表明出口存续期存在门槛效应，一旦贸易关系的建立超过 5 年，就可能持续较长时间。Besedeš 和 Prusa（2006b）基于 Ranch（1999）的分类方法，将商品分为同质型、价格比较型和差异化产品，他们运用 Cox PH 模型分析产品的同质性和差异化对贸易存续期的影响，证明差异化产品的失败风险率比同质型产品低，并且，同类产品中初始贸易流金额越高，贸易持续期越长。Nitsch（2009）采用分层 Cox PH 模型考察德国 1995—2005 年产品层面进口贸易存续期的影响因素，认为出口方特征、产品类型和市场结构均对其有显著影响。具体来讲，经济规模较大和地理位置邻近国家的出口持续期更长，单位价值高和替代弹性低的出口产品持续期更长，双向贸易与市场份额也对贸易存续期起到了正向作用。Brenton 等（2010）采用 Prentice‑Gloeckler 模型证实产品特征因素和国家特征因素是影响贸易存续期的重要变量，同时，"干中学"效应也在发挥作用，出口相同产品到其他市场或者出口不同产品到相同市场均能提高出口存续期。Obashi（2010）研究东亚地区双边贸易关系的存续期，认为东亚国家内部零部件产品的贸易关系与最终产品相比更为稳定和持久，并且对汇率波动和贸易成本的变动均不敏感。Hess 和 Persson（2011）利用可以控制不可观察异质性的离散时间持续模型（discrete - time duration model）分析欧盟 15 国 1962—2006 年来自 140 个出口国的进口数据，他们观察到出口结构高度分散（包括出口商品多样性和出口市场多元化）的国家往往出口存续期更长。此外，距离、共同语言、殖民联系，出口国与进口国的经济规模、过去的贸易关系、初始状态的贸易规模等均对贸易存续期产生影响。

　　尽管从企业层面研究贸易存续期影响因素的文献十分有限，但也能反映出企业特征变量对出口存续期的重要意义。Besedeš 和 Nair - Reichert（2009）在对印度企业贸易数据的研究中识别出企业年龄、投入品关税税率、产品多样性、企业生产率、是否为制造业企业等变量对出口存续期具有显著影响。Volpe 和 Carballo（2009）利用秘鲁企业出口数据研究企业出口多样性对出口存续期的影响，发现出口目的地多样性较之出口产品多样性更能提高企业出口生存概率。Esteve Pérez 等（2013）的研究结果表明出口目的地的异质性对解释出口市场存续期起到了关键作用，企业在低风险出口市场的贸易存续期较之高风险出口市场更长。此外，沉没成本、出口企业特征、出口目的地特征均能解释企业出口存续期的差异。企业生产率和规模是决定企业在低风险市场出口存续期的重要因素，但在高风险市场却收效甚微。由于出口企业会对出口产品组合做出动态调整，即出口新产品和淘汰旧产品的过程同时进行，因此企业出口特定产品的存续期也值得关注，Görg 等（2012）基于多产品企业框架研究企业特定产品的出口存续期，发现企业生产率和企业过去在类似产品上的出口经验是重要的影响变量。

　　中国学者对贸易存续期问题的关注虽晚，但发展迅速，已经形成了较为丰富的成果。邵军（2011）同时采用 Cox PH 模型、Weibull 模型、Expoential 模型和离散时间 PGM 模型分析中国产品出口贸易存续期的影响因素，结果发现初始贸易额、出口目的地市场规模、出口商品类型

（中间产品和制成品）、商品单位价值、汇率稳定性等都会对贸易持续期产生显著影响。陈勇兵等（2012）采用离散时间生存分析模型考察中国企业出口持续时间的决定因素，发现传统引力模型变量对贸易关系持续时间的影响与其对贸易流量的影响类似，同时，初始贸易额、出口目的地市场数目、企业规模、企业生产率、出口产品种类数目和企业成立时间都会对出口持续时间产生影响，并且，企业出口持续时间的决定因素也存在显著的区域差异和所有制差异。具体而言，私营企业和"三资"企业的生存率高于国有企业和集体企业，东部地区企业贸易持续期高于中部和西部地区。

一些学者还专门考察了特定市场和特定产品的贸易存续期。林常青（2014）采用 UN Comtrade 数据库 HS－6 位数编码数据，研究中国对美国出口产品的贸易存续期，证明出口贸易关系存在负的时间依存性，产品的差异程度以及初始贸易额对出口贸易持续时间影响显著。冯伟和邵军（2013）基于生存分析法的三种模型（Cox PH 模型、Weibull 模型和Expoential 模型）研究中国机电产品出口贸易存续期的影响因素和作用机制，认为出口目的地市场规模及其购买能力、贸易双方初始贸易额、产品不可替代性、单位产品价值量、进口国空间距离、产品类型（中间产品或制成品）均是重要的影响因素。冯伟等（2013）研究我国纺织品出口贸易存续期的影响因素，并识别出进口国市场规模和人均消费能力、产品出口贸易初始额、差异化率及单位价值、双边贸易距离等影响因素。冯伟等（2013）在对农产品出口贸易存续期的研究中还发现了前期贸易联系、汇率变化和国际规则约束的影响作用。

# 第二节　有关出口市场多元化的研究

近年来，双边贸易关系中的贸易零值现象引起了学者的关注。Baldwin 和 Harrigan（2011）使用 HS – 10 位数产品分类，统计美国 2015 年 8880 种产品出口到 230 个目的国市场的贸易量，发现在超过 200 万个贸易流中，双边贸易额中的零值现象高达 82%，即使将出口目的地限制在 100 个较大的出口市场，零值贸易现象仍然为 70%，表明进口美国产品的国家或地区非常有限。当前贸易零值的国家和地区意味着潜在的出口增长源，因而出口市场多元化成为出口促进政策的一种战略导向。对出口市场多元化的研究，一是基于出口市场多元化与出口增长的关系，纳入出口二元边际的扩展边际中进行分析；二是研究企业出口市场多元化的实现过程；三是就企业出口市场决策行为进行深入探讨。

## 一、出口市场多元化与出口扩展边际

贸易扩展边际包含种类和市场两个维度，新的出口产品种类和新的出口市场都属于扩展边际的范畴（钱学锋和余弋，2014）。值得注意的是，出口市场多元化作为出口增长二元边际中的扩展边际虽早有定论，但其在二元边际中的具体体现因学者的研究视角不同而有所差异。现有文献对二元边际的分解总体可划分为宏观和微观两个层面。宏观层面，对出口增长边际的刻画是从国家视角入手。Felbermayr 和 Kohler（2006）指出贸易规模会随着新的双边贸易关系确立而增加，也会随着现有双边贸易关系的深化而上升。扩展边际是指国家对（country –

pair）的变化，集约边际是现有贸易关系中贸易额的增长。在此，出口市场多元化直接体现为出口扩展边际。进一步，一国出口贸易总额还可以从产品和企业两个维度继续进行分解，由此形成二元边际在微观层面的产品和企业两种研究视角。在产品视角方面，Amurgo – Pacheco 和 Pierola（2008）在产品（新、旧）维度基础上加入了市场维度，他们认为在新旧产品与新旧市场的四种组合方式中，老产品老市场是集约边际，老产品新市场、新产品老市场和新产品新市场属于扩展边际，新市场与新（旧）产品的交叉组合体现为扩展边际，出口市场多元化构成了出口扩展边际的重要组成部分。

尽管从产品视角研究贸易增长路径有利于把握一国出口商品结构的动态演变，但却忽视了作为出口行为主体的企业的特征，贸易发展的结果是企业进出口行为的集合，因而从微观的企业视角考察贸易变动十分必要。Helpman 等（2008）指出集约边际是单个企业的出口额，扩展边际是出口企业的数量，尽管此处的出口市场多元化被纳入了集约边际，但如果在企业内部继续加入市场和产品维度，企业出口市场多元化又形成了企业内的出口扩展边际。Muûls 和 Pisu（2009）认为从企业微观视角出发，出口二元边际包括出口扩展边际（出口企业数目）和集约边际（企业出口规模），并可以进一步细分为"市场扩展边际"和"产品扩展边际"。Bernard 等（2010）将多产品出口企业的多边出口额分解为出口目的地数量、出口产品种类数量、出口市场覆盖率和产品—目的地平均出口额四个部分，其中，前三个部分共同组成扩展边际，第四部分为集约边际。按照二元边际的本质含义，扩展边际是由新的贸易关系（新的市场、新的产品或二者兼有）建立带来的出口增长，集约边际则是现有贸易关系的规模扩张，那么出口市场多元化因为涉及了新的出口目的地，理应归结于扩展边际。从经济学源头来看，扩展边际的本意是消费者是否进入某个商品市场（范里安，2006），可见，出口市场多元化属于扩展边际也有其学理根源。

出口市场多元化对出口增长的贡献度并不乏经验研究的支撑。Evenett 和 Venables（2002）对 23 个发展中国家的贸易数据进行研究，认为贸易发展具有很强的动态性，贸易矩阵（trade matrices）中双边贸易零流量的数目随着时间的推移而下降，根据测算，1970—1997 年发展中国家三分之一的出口增长来源于贸易伙伴关系的上升（geographic spread of trade）。Schmeiser（2012）利用俄罗斯企业数据进行分析，发现出口企业的地理扩张十分缓慢，大部分企业最初仅进入一个出口市场，并逐渐向更多的出口市场扩张，13% 的出口份额是由持续出口企业进入新的出口市场实现的。

## 二、企业出口市场多元化的实现过程

Eaton 等（2007）总结了 1996—2005 年哥伦比亚企业的出口市场扩张模式，出口企业在进入新市场后与进口方通过实验性的小额贸易进行相互了解，大部分的贸易关系会在一年内终止，存活下来的企业会在此后数年迅速扩张。出口企业在通过不断地"进入"与"退出"调整出口市场集的同时，表现出某种地理扩张模式。哥伦比亚的邻近市场是企业向其他拉美国家出口的"阶梯"，当企业成功进入邻近市场和其他拉美出口目的地之后，又倾向于向更大的 OECD（美国和欧盟）市场延伸，形成地理扩张的"贯序出口"现象。Eaton 等（2007）的结论引出两条后续的研究方向，一是探讨为什么大量企业"浅尝辄止"地进行出口市场开拓，在支付出口固定成本后又甘愿退出已进入的出口市场，并使这部分投资成为沉没成本，二是对出口扩张的路径依赖现象进行验证。

针对企业在进入新的出口市场后仅短暂停留就迅速撤离的现象，既有文献主要是从不确定性角度进行解释。Rauch 和 Watson（2003）构建了一个发达国家企业对欠发达国家出口商供货资质不确定的模型，由于并不清楚对方是否能达到指定的要求，发达国家企业可能先以一个非盈利的小额订单试探欠发达国家供应商是否有承接大订单的能力，并会在了解对方之后做出是否终止贸易关系的选择。Segura – Cayuela 和 Vilar-rubia（2008）在异质性企业模型中引入了信息的不确定性，对于出口企业而言，潜在市场的出口固定成本具有不确定性，只有在企业进入国外市场后才能获取出口固定成本的信息，并且进入企业成功或失败的经验向其他国内企业传递了这方面的信息，有助于他们做出市场进入决策。Albornoz 等（2012）建立了一个出口企业对自身盈利性不确定的模型，他们认为出口盈利性尽管在出口前是未知的，但在时间和地理上是正相关的。在出口企业中，由于"老手"与"新手"相比信息获取优势明显，因此后者迅速退出出口市场的可能性也更大。Nguyen（2012）构建了一个解释"出口迟滞"现象的异质性企业模型，出口市场对企业的产出需求具有不确定性，但却在地理上有相关关系，企业可以用在其他市场已经了解的需求信息去预测潜在市场的需求情况，因此企业出口前需要经历一个在其他既有出口市场收集需求信息的过程，造成出口迟滞。当企业实际出口后，获悉了需求情况，又可能因无法盈利而选择退出。

针对出口扩张的路径依赖现象，Morals 等（2011）使用智利化学部门制造业出口企业非平衡面板数据研究企业出口市场之间的相互关系，他们发现企业进入新市场的"启动成本"与潜在出口市场同母国及既有出口市场的相似性密切相关，并因此影响了企业出口市场的选择决策。Defever 等（2015）利用纺织品出口配额取消以及对中国纺织和服装行业出口利好的时机，探讨中国企业向 25 个欧盟国家及美国、加拿大出口市场扩张的"空间模式"，发现如果潜在出口市场与既有出口市场存在地理联系或空间联系，市场进入的可能性将分别提高 15% 和 38%。Albornoz 等（2012）使用阿根廷制造业企业 2000—2007 年的出口数据，验证了"贯序出口"现象的存在，并发现企业更倾向于选择与初始出口市场人均收入相近或有共同边境的出口目的地。Fabling（2012）利用新西兰 1996—2006 年的企业数据考察企业出口的市场进入选择，他们发现企业存在向与既有出口市场地理位置邻近或语言相同（除英语之外）国家出口的路径依赖。对中国微观产品数据的实证检验也体现出路径依赖现象。綦建红和冯晓洁（2014）采用中国 2000—2011 年 HS－6 位数产品数据的研究表明，企业偏好进入与前期出口市场地理相邻、文化相似、经济相似的出口市场。林常青和许和连（2017）使用中国 2000—2014 年 HS－6 位数产品数据进行实证检验，发现出口产品更倾向于进入与既有出口市场地理邻近、文化类似以及人均 GDP 差距较小的新市场。

## 三、企业出口市场决策的影响因素

实现出口市场多元化是企业不断进入新出口市场的结果。鉴于出口市场多元化是出口增长的重要驱动力，学者继而对企业出口市场决策的影响因素展开研究。基于 Melitz（2003）模型生产率异质性决定企业出口状态的结论，一些文献从企业生产率角度进行了深入探讨。Melitz（2003）认为其模型中的出口成本对称性假设可以进一步放松，则企业将依据贸易成本差异而只能进入部分出口市场（而非模型中的全部出口市场），并且这一扩展将产生企业生产率与出口市场数目之间的正比关系。Damijian 等（2004）采用斯洛文尼亚企业样本的研究发现企业生产率与其出口目的地数量呈正相关关系，并且企业进入发达国家市场（OECD）需要克服更高的固定成本。Wakasugi 和 Tanaka（2009）采用日本企业微观数据研究生产率对企业国际化路径的影响，发现生产率对企业国际化市场定位（南方国家还是北方国家）和多元化（出口到一国还是多国）具有决定作用。具体的，进入北美和欧洲市场的企业生产率要高于只进入东亚市场的企业，同时进入北美和欧洲市场的企业，生产率也要高于只进入其中之一的企业。后继者，如 Lawless（2009）、Greenaway 等（2008）、Sheard（2011）也得出了类似的结论。Huang 等（2012）研究中国企业生产率与其国内销售目的地之间的关系。他们将各个省份视为出口市场，将省内企业产品销售到省外的行为比作"出口"，发现生产率较高的企业不仅实现省内销售，还会将产品销往其他省份，并且生产率水平越高，行销的外省数目也越多。

近年来，学者也开始关注前期出口经验对企业出口市场拓展的作用。Evenett 和 Venables（2002）发现企业当期向特定市场出口的倾向部分取决于其过去（包括相关企业）的出口目的地，并举例说明了其中存在的三种作用渠道：第一，阿根廷企业在向德国出口牛肉的过程中了解到与德国邻近的法国有潜在订单，于是准备向法国出口；第二，向德国出口牛肉的阿根廷企业发现进口批发商在邻近国家也有销售机构，因此，阿根廷出口企业可能向德国批发商在波兰的分支机构供应牛肉；第三，基于种族联系的企业社会网络，企业的出口决策可能会因为了解到其社会网络中其他企业的国外市场机会，从而降低了信息搜索成本，并开始出口。Blanes‐Cristóbal（2008）在研究企业出口决策时发现，企业过去在欧盟市场的出口经验对其向 OECD 国家和欧盟的出口倾向有正向影响，但对其他市场的作用不大。Özler 等（2009）研究土耳其企业 1990—2001 年出口决策的影响因素，认为企业出口的历史状态决定其当前的出口决策，但出口经验的收益随时间不断降低。

此外，传统的引力模型变量也常常作为控制变量引入出口市场决策的模型估计。贸易引力模型是物理学中万有引力定律在国际贸易领域的应用。Tinbergen 和 Hekscher（1962）首次系统地提出贸易引力模型研究双边贸易流，不久之后 Poyhonan（1963）也独立地运用引力模型完成了对双边贸易流的计量研究。根据引力模型，双边贸易规模与两国之间的地理距离成反比，而与两国的经济体量成正比。在后续的研究中，一些经济学家又引入了人口、贸易协议、汇率、语言、宗教信仰、人均收入等变量（Linnemann，1966；Aitken，1973；Casetti，1972）。贸易引力模型发展至今，由于应用环境的不同，变量的设置也表现出很大的差异，双边 GDP、双边人均收入、双边人口数量、地理距离、双边汇率、共同语言、运输成本、双边消费价格指数是诸多引力模型中惯常采用的变量设置（谷克鉴，2001），它们在出口市场决策模型中也得到了广泛应用。

# 第三节　有关贸易存续期与出口市场多元化联结机制的研究

## 一、企业出口市场决策与出口固定成本

Melitz（2003）构建了一个企业生产率异质性，出口固定成本同质性的一般均衡模型，由于出口固定成本对称性假设，当企业跨越零利润

生产率门槛值时，即成为出口企业，且对所有市场都出口，反之则只能成为内销企业。Melitz（2003）模型的结论虽然解释了为什么只有少数企业能够成为出口企业，但与现实仍存在一定差距。

一方面有学者针对中国企业的实证研究观察到"生产率悖论"现象，即中国出口企业的生产率不一定高于非出口企业，甚至某些行业出口商的平均生产率还低于非出口商（李春顶和尹翔硕，2009；李春顶，2010）。对于"生产率悖论"的合理解释除了中国以低生产率加工贸易企业为出口主力的贸易结构（戴觅等，2011）之外，只能归结为异质性的出口固定成本。邱斌和闫志俊（2015）发现高生产率的企业在面对更高的出口固定成本时也可能成为非出口企业，而低生产率企业在面对更低的出口固定成本时也可能成为出口企业。依据这一逻辑，低生产率的加工贸易企业也因能够克服较低的出口固定成本参与国际竞争（孙少勤，2014）。因此，企业的出口行为是异质性的生产率与异质性的出口固定成本联合作用的结果，全要素生产率提高了企业的出口倾向，而出口固定成本抑制了企业的出口倾向。

另一方面，企业—出口市场对中有大量的零值贸易存在，为什么企业跨越了生产率门槛却仍有大量的潜在贸易关系未能实现？Melitz（2003）模型中，出口市场具有对称性假设，企业对所有市场的出口固定成本是一致的，因此当企业跨越零利润生产率门槛值，即成为出口企业，且对所有市场都出口。但Melitz（2003）的对称性出口市场假设并不符合客观现实，各个出口市场同质性的出口固定成本也有待商榷。出口固定成本虽由Melitz（2003）系统分析，但作为一种影响企业出口行为的重要因素，学者已早有论述。Venables（1994）提出如果企业要出口，在支付生产的固定成本之余，还会产生额外的出口固定成本，包括建立国外分销渠道、适应国外标准、获取国外认证等费用。值得注意的是，出口固定成本在不同文献中的提法略有不同，即出口进入成本或出口沉没成本。企业要进入国外市场，必须支付一笔固定的进入成本作为初始投资，因此也是沉没成本（Melitz，2003）。出口进入成本兼有沉没成本和固定成本的性质。但现有文献对出口固定成本、出口进入成本、出口沉没成本没有进行区分。Roberts 和 Tybout（1997）考察出口沉没成本与企业出口市场进入决策的关系，他们认为出口沉没成本包括了产品质量升级、国外分销渠道建立、需求信息的积累等成本。Clerides 等（1998）认为进入出口市场存在沉没性的成本，包括市场营销、建立分销渠道、收集消费信息、雇用掌握语言技能的员工、为新出口市场培养人才等费用。Latouche（2010）认为企业出口沉没成本包括了解国外市场信息、建立新的分销渠道、跨境标准的产品适应性改造等费用。Castillo 和 Silvente（2011）认为出口沉没成本最重要的组成部分就是搜寻与国外市场有关的信息成本。由于出口固定成本、出口进入成本和出口沉没成本所涉及的内容大致相当，一般包括了非关税贸易壁垒、市场调查、构建国外配送网络、商务谈判及人员往来、适应国外标准等方面的投资和费用，因此可视其为同类成本（张凤和孔庆峰，2013）[1]。由此可见，出口固定成本的组成内容与特定市场具有高度相关性，承认不同出口市场差异性的出口固定成本是更符合现实的假设前提。在市场特定的异质性出口固定成本框架下，企业面对每一个潜在出口市场都会进行一次"自选择"，形成了各个出口市场不同的生产率进入门槛。通过企业生产率与各出口市场进入门槛的对比，出口市场划分为可进入与不可进入两类，为企业—市场对中的零值贸易流提供了合理的解释。

---

[1]　下文中将出口固定成本、出口进入成本和出口沉没成本统称为出口固定成本或出口固定（沉没）成本。

## 二、出口存续期、出口固定成本与出口市场决策

### （一）"学习出口"效应、出口固定成本与出口市场决策

出口存续期对出口固定成本的削减，以及进而影响企业出口市场选择是通过"学习出口"效应实现的。"学习出口（Learning to export）"效应[①]的理论根源是管理学中的"干中学（Learning by doing）"思想。Wright（1936）在飞机制造成本的研究中首次发现了"干中学"效应的存在，揭示了前期经济活动积累与成本削减之间的正向关联。Hirsch（1952）、Alchian（1963）随后对上述关系做出进一步的阐释。Arrow（1962）、Sheshinski（1967）运用"干中学"解释经济增长的动力，认为生产和投资活动中的学习和经验积累推动了技术进步，由此确立了"干中学"在发展经济学中的重要地位。无独有偶，"干中学"在国际贸易领域的应用也催生出对"出口学习"效应和"学习出口"效应的研究。前者探究出口经验与生产率的关系，认为企业一旦进入国际市场，通过出口学习积累经验，促进了企业生产率的提高。西方国家微观数据对"出口学习"效应的实证结论表现出较大的不一致性，Aw 等（2001）、Álvarez 和 López（2005）、Van Biesebroeck（2005）、Greenaway 和 Kneller（2007）、Fernandes 和 Isgut（2015）发现了支持"出口学习"效应的证据，而 Eliasson 等（2009）、Ranjan 和 Raychaudhuri（2011）却得出相反的结论。采用中国企业数据的研究实证结果较为支持"出口学习"效应存在，如李春顶和赵美英（2010）、戴觅和余淼杰（2012）、

---

[①] 以区别于研究出口经验与生产率关系的"出口学习（Learning by export）"效应的文献。

钱学锋等（2011）、邱斌（2012）。

"学习出口"效应侧重于探讨出口经验与出口市场固定进入成本的关系。但由于出口市场的固定进入成本难以直接量化，"学习出口"效应的作用效果在实证层面是通过对出口市场进入决策的影响而间接识别的。鉴于 Melitz 模型（2003）揭示了出口市场固定成本与市场进入零利润生产率门槛值的反比关系，也就是说，如果出口经验促进了企业进入出口市场，就意味着出口市场固定成本得到削减。Roberts 和 Tybout（1997）采用哥伦比亚 1981—1989 年制造业企业数据的研究结果表明企业前期在出口市场的经验对其出口倾向有重要影响，退出出口市场一年的企业再次进入出口市场的成本明显低于首次进入出口市场的企业，但退出出口市场超过一年的企业在出口固定成本上与首次进入企业的差距不大。因此，他们认为出口固定成本存在的重要原因是企业需要积累需求信息，当企业退出市场后，这些信息会因过时而失去价值。Özler 等（2009）利用土耳其企业 1990—2001 年的面板数据研究发现，出口参与的全部历史过程均对当前的出口决策产生影响，企业在出口市场的经验积累期越长，进入出口市场或再次进入出口市场的沉没成本就越低，企业出口的可能性也就越大。Rakhman（2011）认为出口企业在目的地市场中学习如何建立新的市场渠道，定位潜在消费者以及升级产品质量以满足目标市场需求。因此，出口经验实际上增加了企业关于国际市场上产品、市场和生产流程方面的商业信息，而这些商业信息的积累通过降低企业从事出口贸易的固定成本的方式进一步推动企业的出口扩张。Sheard（2014）构建了异质性企业模型来说明"学习出口"效应如何影响企业进入特定市场的时间（顺序），模型证明企业从其他出口市场获取的经验会降低企业进入特定市场的固定成本，瑞典企业数据的实证结果与理论模型相符。Álvarez 等（2013）指出出口经验是获取新的产品技术、新的目的地市场和新的出口产品的重要信息源泉。出口经验有助于降低企业新产品或新市场的出口固定成本，但不同于 Melitz（2003）将出口固定成本设定为外生于企业的常量，他们认为出口固定成本应是内生于产品、市场和产品—市场特征的。

更为细致的研究还发现，"学习出口"效应不仅作用于企业进入目标出口市场的可能性，也影响了其出口市场扩张的方向性。Latouche 等（2010）认为企业出口沉没成本与特定市场相关，当企业向具有相同语言，或进口标准与国内市场相似的国家出口时，出口进入成本较低。Lawless（2013）发现了在地理位置邻近国家的出口经验通过降低出口固定成本的方式影响市场进入的可能性和持久性。Wang 和 Zhao（2013）认为出口固定成本是受到企业出口经验影响的内生变量，可在企业相似出口目的地之间共同分摊，企业在相似市场的出口经验降低了必要的零利润生产率门槛值，增强了企业未来的市场进入便利性。綦建红和冯晓洁（2014）用中国产品层面数据验证了企业更倾向于选择与其前期出口市场在地理、文化、经济方面相似的市场作为出口目的地。

（二）出口经验的溢出与渠道

需要指出的是，企业的出口经验，并不仅限于企业自身的积累，其他企业的出口经验也会通过信息溢出起到相同作用。Álvarez 等（2013）证明企业的前期出口经验有助于降低企业参与国际市场的进入成本，不仅如此，其他企业在既有产品或市场上的出口经验也有助于新贸易关系的实现。Fabling 等（2012）检验了新西兰出口企业的产品和市场进入选择，他们发现前期出口经验对企业出口行为有着重要作用，并且其他当地企业的出口经验对企业新出口关系的建立具有示范价值。陈勇兵等（2014）采用2000—2005 年中国企业出口数据，分析企业出口经验对企业出口广化的作用，发现企业自身的产品出口经验推动了企业同类产品的地理广化，其他企业的出口经验带来的溢出效应也有助于实现相同的贸易关系。

企业出口经验不仅有利于自身的出口扩张活动，通过信息外溢，也对其他企业的出口行为产生影响，即企业的出口经验具有外部性特征，那么这种信息外溢的渠道又是什么？Hausmann 和 Rodrik（2003）认为信息和知识可能从最先出口者扩散到其他出口企业。Agosin 和 Bravo - Ortega（2009）发现第一个红酒出口企业的成功带动了其他企业进入出口市场，并将企业之间的联系机制定位于基于种族联系的企业社会网络。此外，基于地理集聚、行业关联产生的联系也能形成经验的扩散网络。Aitken 等（1994）分析了基于地理联系产生的出口经验扩散机制，检验企业出口行为是否降低了邻近企业的出口市场进入成本。他们发现出口企业的地理集聚有利于构建专业化的运输基础设施，并能提高国外消费者偏好商品信息的可获性，这意味着地区出口活动的集聚性越强，企业出口的可能性越大。他们采用墨西哥制造业企业数据的实证结果验证了跨国企业出口活动的外部扩散作用。Castillo 和 Silvente（2011）采用西班牙企业数据检验了邻近企业之间的出口信息溢出效应，他们认为新的出口企业通过当地其他企业获取了特定市场的消费者偏好、产品标准等宝贵信息。Koenig（2010）利用法国 1986—1992 年企业层面数据和出口企业详细的地理信息分析出口信息溢出的机制和渠道，她发现地理维度相邻的企业之间存在溢出效应，且此溢出机制带有明显的出口目的地特定性。Rakhman（2011）发现前期的出口经验提高了同行业企业进入新出口市场的机会，表明在行业内部也存在信息外溢效应。Krautheim（2012）将"溢出效应"引入异质性企业模型，提出"溢出效应"产生于企业间的出口网络，出口固定成本中有一部分成本是

"溢出敏感"的,并随着出口企业的数目增加而下降。信息通过出口企业之间的信息交流、专业咨询、员工流动等形式发生外溢,因此如果向特定目的地出口的企业数目越多,企业向特定市场出口的固定成本就越低。

(三)贸易存续期与出口经验

企业的出口参与决策是动态的,并且是被出口经验的积累所驱动的(Schmeiser,2012)。"干中学"效应的本意是强调"累积"和"不断重复"地进行经济活动所产生的动态收益。因此,出口存续期是产生"学习出口"效应最适宜的出口经验获取途径,也是量化出口经验最为直接和恰当的变量,符合出口经验不仅要能够区分出口与非出口,还要区分不同的出口历史,能够反映"出口状态持续性"(Özler et al.,2009)的要求。

既有文献对出口经验的量化多采用了滞后期的企业出口状态、企业出口规模、企业出口市场数目等变量。Roberts 和 Tybout(1997)构建了一个引入出口沉没成本的企业动态离散出口决策模型,模型中企业向特定市场的出口决策是与企业前期出口决策有关的动态离散选择行为,他们运用哥伦比亚 1981—1989 年制造业数据进行了经验分析并以企业滞后期出口状态表示企业出口经验。Özler 等(2009)引入了三期滞后的出口状态指标(t-1、t-2、t-3)用于测度出口状态的持续性,并且发现出口持续状态越长,出口经验的作用效果越好。Álvarez 等(2013)区分了产品出口经验与市场出口经验,并分别使用至第 t 期的累计出口额量化出口经验。陈勇兵等(2015)采用企业前期向其他目的地市场出口同类产品的累积出口规模反映企业既有产品的出口经验;以企业前期向同一出口目的地出口其他产品的累积出口规模反映企业在既有市场的出口经验；以其他企业向同一出口目的地出口同类产品的累积出口规模反映其他企业的出口经验。Schmeiser（2012）、Sheard（2014）则以出口市场的数目反映出口经验。

为了区别出口经验对特定出口市场的可借鉴程度，一些文献还引入了衡量既有出口市场与潜在出口市场相似性的度量指标。Castagnino 和 Tomás（2010）使用既有出口市场与潜在出口市场是否有共同的边界、是否使用相同的商业语言、最近地理距离衡量企业在特定市场的出口经验。Fabling 等（2012）采用企业是否出口相同产品或出口到相同市场识别企业的直接出口经验，并用是否出口同类产品或出口到同类市场识别企业的间接出口经验。同时，他们也认为企业出口经验还有其他来源渠道，FDI、合资、离岸生产和直接进口等活动都可以帮助企业了解国际市场的信息。Álvarez 等（2013）使用企业是否向其他市场出口同类产品以及是否出口同类产品到其他市场分别量化企业有关特定产品和特定市场的出口经验。Lawless（2013）采用五类变量量化企业出口经验，分别是企业既有出口市场与潜在出口市场是否有共同边境，企业在所有与潜在出口市场相邻的出口市场的出口规模，企业在潜在出口市场所在区域①的其他出口市场的出口规模，以既有出口市场与潜在出口市场的地理距离倒数为权重进行加权平均处理的出口规模，企业既有出口市场与潜在出口市场的最近地理距离与企业到既有出口市场地理距离的比值。綦建红和冯晓洁（2014）则采用目标出口市场与前期出口市场的地理近似度、文化相似性和经济相似性量化出口市场相似关联。

直接采用出口市场数目量化企业出口经验会因忽略企业既有出口市场与潜在出口市场之间的联系而对企业出口经验的价值做出高估或低

---

① 出口市场共分为 EU–15（欧盟初始成员国）、EU–10（2004 加入欧盟的国家）、其他欧洲国家、北美、南美、亚太地区、非洲和中东地区八个区域。

估。采用企业累计出口值作为量化指标也忽视了不同产品种类和不同企业之间出口价值的巨大差异。鉴于企业出口经验的获取是信息不断更新、扩充的结果，采用滞后一期或若干期的指标并不能完全细致地刻画企业出口经验累积的动态过程。因而，近年来有学者开始采用出口存续期表征企业出口经验。出口存续期的概念由 Besedeš 和 Prusa（2006a）提出，贸易关系的持续时间从一个新视角反映了动态的贸易过程（陈勇兵等，2012），作为企业出口经验的获取途径和积累载体，更适于量化动态的出口经验。事实上，已有学者将其运用于实证研究。Rakhman（2011）使用 75 个出口国、74 个进口国、126 个行业、15 年的数据计算了行业出口存续期对其潜在出口市场进入的影响效果。陈勇兵等（2014）使用中国 1995—2010 年出口产品 HS – 6 位数编码数据，验证中国产品出口持续时间对市场扩张的影响作用。林常青和许和连（2017）采用中国 2000—2014 年 HS – 6 位数编码数据，不仅验证了产品出口存续期对新市场开拓的促进效果，还观察到了出口市场扩张的路径依赖现象。

本章文献综述的逻辑关系图如图 2 – 1 所示。

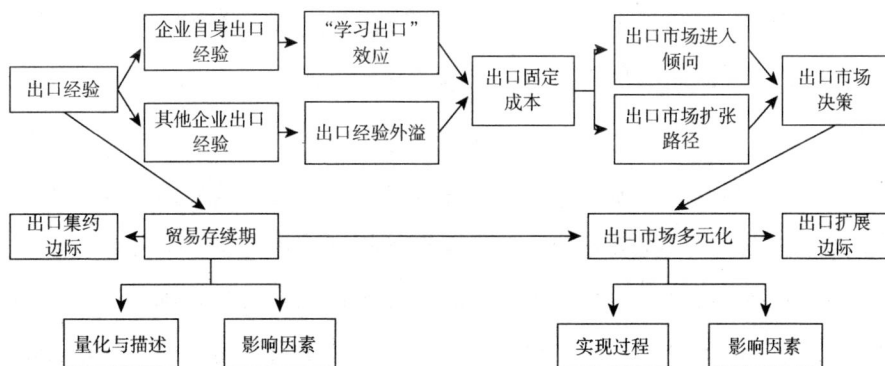

图 2 – 1　文献综述的逻辑关系图

## 第四节　简要评述

### 一、既有文献演进的脉络

从既有文献的研究发展脉络来看，存在以下几个明显特征：

第一，对出口存续期的研究从被动的影响因素走向主动的决定效应。

出口状态的动态性研究本身起步较晚，出口存续期问题进入学术视野的时间并不长，并且大部分现有文献集中于探讨出口存续期作为集约边际对贸易增长的意义以及对出口存续期本身的影响因素分析，在此方面形成了相对丰硕的研究成果。Rakhman（2011）开创性地考察了行业出口存续期对出口市场扩张的重要意义。陈勇兵等（2014）、林常青和许和连（2017）检验了中国产品出口存续期与潜在出口市场进入的因果关系。林常青和张相文（2016）还发现了出口存续期对出口产品种类扩张的显著作用。从研究出口存续期被动的影响因素，到探索其主动的决定效应，开启了一个新的、反向的研究领域。

第二，出口二元边际的关系由相互排斥、非此即彼走向相互促进。

长期以来，二元边际理论侧重于探讨扩展边际与集约边际在贸易增长中的作用，孰轻孰重？将扩展边际和集约边际视为相互排斥、非此即彼的关系。近年来，一些学者将集约边际中的出口存续期与扩展边际中的出口市场多元化和出口产品多样化统一起来，形成看待二元边际内部关系的新视角。作为集约边际的一个新维度，出口存续期是企业在出口市场学习和经验积累的动态反映，出口存续时间越长的企业积累了更多的海外市场相关信息，这些企业在出口市场调查、建立海外销售渠道、产品适应性改造等方面驾轻就熟，降低了企业进入新市场或引入新产品的出口固定成本，从而有助于拓展出口扩展边际，使得二元边际的内部关系由对立走向统一。

第三，出口固定成本由对称性外生走向异质性外生，再走向异质性内生。

在 Melitz（2003）生产率异质性企业模型中，出口固定成本被假设为外生并且对称，企业跨越生产率门槛后将进入所有的出口市场，有悖同一出口企业存在大量零值贸易出口市场的现实。Baldwin 和 Harrigan（2011）、Eaton（2011）修正了出口固定成本对称性假设，将企业生产率设定为不随时间改变，出口固定成本由外生的出口市场异质性决定，因此企业可以进入所有自身生产率达到零利润门槛值的市场，同时也存在大量无法跨越生产率门槛值的出口市场。这一假设虽然赋予了同一企业仅面向部分市场出口的事实合理性，但又无法解释为什么企业有时也会进入其达不到生产率门槛值的市场。Álvarez 等（2013）、Wang 和 Zhao（2013）将出口固定成本设定为受到企业出口经验影响的内生变量，企业过去的出口经验降低了新贸易关系的市场进入成本，使曾经"力所不及"的出口市场有了进入的可能性。随着出口固定成本的假定由对称性外生走向异质性外生，再到异质性内生，理论模型的结论对现实的解释力度也在不断提升。

## 二、既有文献存在的缺陷和可填补的空白

通过对相关文献的梳理，我们发现既有文献存在以下不足，这为我

们进一步研究指明了方向。

第一，出口存续期提高潜在出口市场进入可能性的微观机制缺乏理论模型的支撑。

既有文献对出口存续期提高潜在出口市场进入可能性的作用效果虽已从产品层面进行了实证检验，但仍缺乏理论模型的支撑。本书将以Melitz（2003）分析框架为基础，构建一个考虑企业生产率异质性，需要支付市场特定出口固定（沉没）成本的垄断竞争模型，说明出口存续期影响企业出口市场决策，并进而提升企业出口市场多元化水平的理论机制。

第二，从企业视角检验贸易存续期与潜在出口市场进入的因果关系仍是有待填补的研究层面。

已有文献侧重于从产品视角验证贸易存续期对出口市场扩张的促进作用，然而，从企业层面进行实证检验是奠定宏观经济现象微观基础的重要维度。此外，产品层面的研究固然有益，但也存在一些不足。首先，无法控制生产率这一影响出口市场决策的关键变量。其次，产品层面的实证是将生产同种产品的全部企业视为一个企业集合，出口经验的来源除了企业自身的出口经验积累，还有从其他渠道获取的经验外溢，因此产品层面的实证结果实际上混杂了两种出口经验的影响效果。而企业层面的实证则是考察企业自身的出口经验对其进入潜在出口市场的影响，剥离了出口经验外溢的作用效果。

第三，出口存续期与出口市场多元化的直接关系缺乏实证支撑。

既有文献对出口存续期提升出口市场多元化水平的结论源于逻辑推断，即如果出口存续期提高了新出口市场的进入概率，那么必然也促进了出口市场多元化。而Eaton等（2007）的研究表明大量企业的出口行为是"浅尝辄止"的。如果已经进入的出口市场无法长期维持，则出口存续期与出口市场多元化的正相关关系也并非必然成立，为此，还有必要对二者的直接关系进行检验。

第四，出口存续期指标的构建仍不够完善。

既有文献对出口存续期的测度，或是停留在中观行业层面，或是忽视了市场相似性以及出口存续期的时效性。本书将在出口存续期指标的构建上全面考虑上述因素并采用多种计算方案，以保证研究结论的可信度和稳健性。

鉴于以上留白，本书将在以下几个方面做出边际贡献：第一，本书将直接验证出口存续期与出口市场多元化的正向因果关系，为后续的机制研究提供典型化事实；第二，构建理论模型说明出口存续期对出口市场多元化产生影响的微观作用机制；第三，在更为全面地测算出口存续期指标的基础上，分别从产品和企业层面验证出口存续期与潜在出口市场进入之间的因果关系，以完善微观层面的研究维度。

第三章

# 出口市场多元化的政策演进和特征事实

出口市场多元化战略已在我国实施 30 余年，但我国出口市场多元化的水平如何，实现过程如何，实现机制如何，对我国出口增长的贡献度如何，众多出口市场之间的关系又如何，既有文献对上述问题均未曾做出系统的解答，更鲜有微观层面的经验研究支撑。宏观经济理论的研究必须具备微观基础，因此有必要从中国出口企业视角分解其出口市场多元化的多重特征。本部分将有助于我们对中国微观层面出口市场多元化的实施状况形成较为完整的认识。在梳理我国出口市场多元化战略政策演进历程的基础上，本书系统、全面地刻画了全国总体层面，制造业行业层面，以及所有制和贸易类型结构下我国企业出口市场多元化的实施状况，量化了企业层面的出口市场多元化水平，验证了出口市场等级制度对中国的适用性，描述了企业多元出口市场的动态调整过程，并分解了出口市场多元化对我国出口扩张的贡献度。

## 第一节　出口市场多元化的政策演进

1978 年中共中央十一届三中全会的召开，标志着中国共产党的工

44

作重心由政治领域向经济建设转变，在诸多改革举措中，要求发展对外经济关系，进一步扩大对外贸易和经济技术交流。此后，大量国外先进技术的引入导致我国进口规模激增，对外贸易逆差迅速放大，由 1978 年的 11.4 亿美元上升至 1985 年的 149 亿美元，外汇紧缺问题日益严重。由此，"七五"计划（1986—1990 年）指出，"实行对外开放，更多地利用外资和引进技术，关键是增加出口，创造更多的外汇。为了解决好这个关系我国现代化全局的问题，必须在出口商品的构成、国际市场的开拓和出口商品的生产布局这三个方面，采取适应国际市场需求和符合我国国情的正确战略"[①]。继而，《1986 年政府工作报告》提出"以增强出口创汇能力为中心，推动对外经济贸易和技术交流进一步向纵深发展"，并在具体措施中首次明确了"要积极开拓国际市场，在继续巩固和发展已有市场的同时，进一步面向世界各国和各地区，做到出口市场多元化"[②]。应该说，这一阶段我国出口市场多元化的重心仍以发达国家为主，《1988 年政府工作报告》和《1989 年政府工作报告》对我国的外交关系进行了梳理，在谈及中美、中日、中欧关系时均强调了经贸往来，将加强同西欧各国、加拿大、澳大利亚、新西兰的友好合作视为我国外交工作的一项长期方针；对于广大发展中国家仍主要涉及和平共处和睦邻友好关系。通过多管齐下的举措，我国国际收支的对外贸易逆差局面得到逐步扭转，至 1990 年，开始实现了 87 亿美元顺差。

20 世纪 90 年代以后，出口市场多元化战略继续秉承了为出口创汇服务的核心任务，"八五"计划（1991—1995 年）、1992 年和 1994 年《政府工作报告》，"九五"计划（1996—2000 年）和 1996—2000 年《政府工作报告》均较为密集地谈及了"要努力巩固已有的市场，积极

---

①　《中共中央关于制定国民经济和社会发展第七个五年计划的建议》，1985。
②　《1986 年政府工作报告》，1986。

开拓新的市场"。这一时期出口市场多元化的方向性开始向周边国家和发展中国家调整。20 世纪 90 年代初期，以美国为首的西方国家对我国实施了严厉的经济制裁，为了突破经济封锁，"八五"计划提出"积极发展同周边国家的经济技术合作与交流"，"大力发展同周边国家的睦邻友好关系，以此作为外交工作的重点"①。1997 年亚洲金融危机的爆发与升级，暴露了出口导向型发展模式高度依赖少数发达国家的脆弱性，《2000 年政府工作报告》清晰地指出："积极开拓国际市场，特别要大力拓展非洲、拉美、东欧、独联体等新兴市场，积极发展与周边国家及发展中国家的经贸关系。"与外贸政策相配合，我国同俄罗斯（1996）、印度（1996）、韩国（1998）等周边国家，以及与美国（1997）、日本（1998）等发达国家构筑了定位不同的"伙伴关系"，以促进互惠互利的政治经济合作。

2001 年年底中国成功加入世贸组织为出口高速扩张创造了有利的外部环境，出口贸易对宏观经济的拉动作用日益凸显，出口依存度由 2001 年的 19.8% 逐年攀升，至 2006 年达到 35.4%。与此同时，出口与投资的双顺差迅速充实了我国的外汇储备，外汇紧缺局面得到彻底扭转，出口市场多元化的政策意图转向了稳定和鼓励出口，推动宏观经济增长。"十五"计划以及随后的 2001—2004 年《政府工作报告》均继续指示"大力推进市场多元化战略，开拓新的出口市场"。历经加入世贸组织初期的出口增长"黄金期"，"十一五"规划（2006—2010 年）在出口领域的要求开始由规模扩张向质量提升转变，虽然也提及了"积极开拓非传统出口市场，推进市场多元化"，但由于意识到巨额贸易顺差容易引致通货膨胀和贸易摩擦，也加大了人民币升值压力，中央

---

① 《关于国民经济和社会发展十年规划和第八个五年计划纲要的报告》，1991。

遂开始强调"积极扩大进口,实行进出口基本平衡的政策,发挥进口在促进我国经济发展中的作用"。我国对外贸易领域的主要矛盾已由单纯的数量增长过渡到转变贸易增长方式,实现进出口平衡发展。在随后的 2005—2008 年《政府工作报告》中就如何转变贸易增长方式和改善进出口不平衡进行了详细部署,淡化了出口促进措施,也未提及出口市场多元化战略。2008 年全球金融危机全面爆发后,世界经济深度衰退,对中国出口产生严重冲击,我国政府及时将宏观调控的首要任务调整为"保持经济平稳较快发展",在对外开放方面强调"稳定外需",出口市场多元化战略再次出现在 2009 年和 2010 年的《政府工作报告》中。

2011 年以后,金融危机的负面影响仍在持续深化,全球经济增长低迷,不稳定和不均衡因素频现,世界经济的实质性复苏仍是一条漫长之路。2012—2014 年,中国货物出口年均增速仅为 7.26%,远低于 2001—2008 年间的 24.74% 和 2010—2011 年间的 25.81%,并在 2015 年出现了 2010 年以来的首次出口负增长(张二震和张晓磊,2017)。为了维护贸易大国地位,推进贸易强国进程,"十二五"规划(2011—2015 年),2012 年和 2013 年《政府工作报告》,以及"十三五"规划(2016—2020 年)均对出口市场多元化战略做出明确表述,要求"巩固美日欧传统市场,开拓新兴市场","提高新兴市场比重"。在此期间,我国政府适时推出了丝绸之路经济带和 21 世纪海上丝绸之路("一带一路")倡议,以中国经验和中国优势助推沿线国家经济增长,也为撬动沿线新兴国家出口市场打开了窗口。中国对"一带一路"沿线国家的出口显著上升(孙楚仁等,2017),成为新的出口增长点。

出口市场多元化战略已经启动了 30 余年,从出口创汇到推动经济增长,再到稳定外需;从以发达国家为主体,到转向周边国家和发展中国家,再到聚焦"一带一路"沿线国家,不同的历史阶段赋予其不同的政策意图。时至今日，我国出口市场多元化的水平如何，实现过程如何，对我国出口增长的贡献度如何，众多出口市场之间的关系又如何，纵观国际贸易领域的相关文献，对上述问题仍缺乏系统的解答，尤其缺少来自企业层面的微观证据。本书采用了 2000—2007 年中国海关数据库①，旨在从微观企业视角考察全国总体层面、制造业行业层面以及所有制和贸易类型结构下我国企业出口市场多元化的实施状况。本章余下部分结构安排如下：第二部分测算我国企业出口市场多元化水平；第三部分研究我国企业多元出口市场的等级制度；第四部分描述企业多元出口市场的动态调整过程；第五部分对我国出口增长进行分解，并计算出口市场多元化的贡献度；第六部分对本章内容进行总结。

## 第二节　中国企业出口市场多元化的水平测度

从全国层面来看，2007 年我国出口市场覆盖了全球 226 个国家（经济体），由于全国层面的出口市场集是我国数十万出口企业出口目的地的全集，该指标并不能准确评价出口市场多元化战略的实施状况，微观视角的分析是研究我国出口市场多元化水平②的必要层面。本书首先测算了 2007 年企业出口市场的分布情况（详见表 3 - 1），在全样本下，企业平均出口市场数为 7.7，单一市场出口企业占比 28%，即 72%的出口企业为多市场出口企业，这一数值高于同期的美国（43.4%，

① 为了较为准确地评估企业出口市场多元化水平，本书剔除了贸易中间商样本。
② 中国出口市场多元化取得显著成效的标志在宏观层面体现为贸易伙伴国的数量，与之相对应，本书研究企业微观层面的出口市场多元化水平，使用了企业出口市场国数目指标，该指标在钱学锋和余弋（2014）、易会文和黄汉民（2014）的相关问题研究中也有所采用。

表 3 – 1 企业出口市场及分布情况（2007）

| | | 全样本 | 国有企业 | 集体企业 | 私营企业 | 三资企业 | 一般贸易 | 加工贸易 | 混合贸易 |
|---|---|---|---|---|---|---|---|---|---|
| N | | 132117 | 4685 | 3276 | 34526 | 55911 | 88113 | 15276 | 28728 |
| 平均值 | | 7.7 | 14.1 | 11.9 | 9.4 | 7.5 | 6.9 | 5.6 | 11.3 |
| 出口市场范围 | 1 | 37184（28） | 867（18） | 532（16） | 6970（20） | 15477（28） | 26017（30） | 6627（43） | 4540（16） |
| | 2 | 18712（14） | 528（11） | 354（11） | 4182（12） | 7993（14） | 12949（15） | 2297（15） | 3466（12） |
| | 3~5 | 26779（20） | 846（18） | 665（20） | 7037（20） | 11534（20） | 18305（20） | 2524（17） | 5950（21） |
| | 6~10 | 20001（15） | 736（16） | 602（18） | 6174（18） | 8527（15） | 13260（15） | 1594（10） | 5147（18） |
| | >10 | 29441（22） | 1708（36） | 1123（34） | 10163（29） | 12380（22） | 17582（20） | 2234（15） | 9625（33） |
| | 11~30 | 23357（18） | 1058（23） | 774（23） | 8121（24） | 10063（18） | 14531（16） | 1751（11） | 7075（24） |
| | 31~50 | 4592（3） | 349（7） | 260（8） | 1583（4） | 1812（3） | 2473（3） | 385（3） | 1734（6） |
| | >50 | 1492（1） | 301（6） | 89（3） | 459（1） | 505（1） | 578（1） | 98（1） | 816（3） |

注：①作者根据海关数据库整理所得；②部分企业的所有制类型在海关数据库中缺失，因此计算各出口市场范围分布比例时以可识别的相应所有制企业为基数。

Bernard et al.，2009）、法国（65.5%，Eaton et al.，2004）和以色列（66%，Lawless，2009），意味着中国企业的多元市场出口情况更为普遍。出口市场大于 10 的企业样本占比为 22%，并且主要集中在 10～30 的市场区间内，出口市场超过 50 的企业仅占全样本的 1%。此外，本书还考察了不同所有制和贸易类型企业的出口市场分布情况①。在所有制结构下，三资企业的出口市场多元化水平（7.5）明显低于其他内资企业，有悖于外资企业更具出口市场优势的普遍认识，这一现象可能源自跨国公司的全球化碎片式生产布局。一方面，中国境内相当数量的外资企业是跨国公司全球生产链的中间环节，其生产的中间产品或零部件需要出口到下游生产企业所在国家进行再加工，由于出口对象为生产者，与内资企业大多直接面向全球消费者出口相比，出口市场范围无疑更为狭窄。另一方面，一些生产最终产品的外资企业，需要将产品出口到跨国公司的营商中心所在地进行包装和再出口，此类转口贸易的存在也缩小了外资企业的直接出口市场范围。在内资企业中，出口市场数目与公有制经济成分成正比关系，国有企业（14.1）、集体企业（11.9）和私营企业（9.4）表现出逐级递减特征，其背后的原因可能是所有制因素造就的融资约束差异。在企业出口成本构成中，存在与出口市场相关的出口固定成本，企业扩张出口市场时需要为新增的出口市场的固定成本进行融资。在"所有制歧视"的信贷市场环境中，公有制成分降低了企业的融资约束程度，也为出口市场多元化提供了更为有利的融资条件。在贸易类型结构下，混合贸易企业的平均出口市场数目为 11.3，

---

① 以海关数据库对企业所有制类型的划分标准为依据，本书按所有制类型划分了国有企业、集体企业、私营企业和三资企业共四类企业，其中三资企业包括外商独资企业、中外合资企业和中外合作企业。贸易类型企业的划分依据为，仅出口加工贸易产品的企业为加工贸易类，仅出口一般贸易产品的企业为一般贸易类，同时出口加工贸易和一般贸易产品的企业为混合贸易类。

显著高于一般贸易企业（6.9）和加工贸易企业（5.6），并且在各出口市场集中，混合贸易企业的最大占比分布在 10 个以上的出口市场，而一般贸易和加工贸易企业的最大占比均分布在单一出口市场，造成这一差异的关键因素可能是企业生产率。对斯洛文尼亚（Damijian et al.，2004）、爱尔兰（Lawless，2009）和日本（Wakasugi & Tanaka，2009）企业的研究表明，生产率与企业出口市场数目成正比关系，而孙少勤（2014）在对中国企业的实证中发现，混合贸易、一般贸易和加工贸易企业的生产率逐级递减，在生产率与出口目的地数目正相关关系下，出口市场数目也会相应缩减。

进一步地，本书从行业层面，按照企业所有制结构、贸易类型结构和技术水平考察了 28 个制造业细分行业的出口市场数目均值①（详见表 3 - 2）。2007 年，平均出口市场数目排在前五位的行业分别为文教体育用品制造业（16.67）、橡胶制品业（13.11）、电子及通信设备制造业（11.61）、仪器仪表及文化、办公用机械制造业（11.43）和武器弹药制造业（11.25）；平均出口市场数目排在后五位的行业分别为食品加工业（4.96）、饮料制造业（5.26）、服装及其他纤维制品制造业（5.67）、石油加工及炼焦业（5.7）和食品制造业（6.66）。细分制造业行业后，我们发现全样本特征与行业特征并不完全一致，说明企业出口市场多元化水平除了与其所属行业的全球化生产布局和融资约束程度相关外，也有其他影响因素综合作用的结果。从行业技术水平来看，中高技术行业的平均出口市场范围（9.63）高于中低技术行业（8.54），并且这一特征同样体现在除加工贸易类企业以外的其他所有制和贸易类

---

① 细分两位数行业代码 13～42，其中不包括 38，烟草制造业因样本缺失也未报告。

型维度①。平均出口市场数目排在前五位的行业中有 3 个是中高技术行业，而平均出口市场数目排在后五位的行业全部为中低技术行业，表明技术水平也是影响企业出口市场多元化的重要因素。

为了量化多元市场出口企业对我国总出口的贡献程度，与表 3 - 1 相对应，本书统计了各出口市场范围的企业出口规模占比情况（详见表 3 - 3）。尽管单一市场出口企业数目占到全部出口企业的 28%，但其出口规模仅占 6%。在所有制结构下，单一市场出口企业在国有企业中的贡献度最低（1%），在三资企业中的贡献度最高（7%），在贸易类型结构下，单一市场出口企业在混合贸易中的贡献度最低（3%），在加工贸易中的贡献度最高（11%）。出口市场大于 10 的企业数目占比为 22%，但其对出口的贡献度高达 68%，该比值在国有企业和集体企业中均超过了 80%，在混合贸易类企业中达到 75%。尽管在 50 个以上出口市场集中分布的企业数目极少，但其出口贡献度却不容小觑，为数约 1% 的企业贡献了 20% 的贸易额，特别地，国有企业中这部分约 6% 的企业占据了 51% 的贸易额。总体而言，我国企业的出口结构表现为大量单一市场小规模出口企业与少数多元市场大规模出口企业并存，出口规模集中度较高，多元市场出口企业是我国出口份额的主要创造者。根据 Bernard 等（2009）的研究，2000 年美国单一市场出口企业的数目占全部出口企业的 56.6%，但其创造的出口份额仅为 3.7%，10 个以上出口市场集中分布的企业不足 8%，创造的贸易份额却高达 85.6%，可见我国企业出口规模集中度较高的特征虽与美国相似，但在程度上却不及美国。

---

①　加工贸易由于"两头在外"的生产形式，往往具有"高产业低环节"的生产技术特征。

表 3 - 2 平均出口市场范围——按制造业细分 (2007)

| 制造业行业 | 全样本 | 国有企业 | 集体企业 | 私营企业 | 三资企业 | 一般贸易 | 加工贸易 | 混合贸易 |
|---|---|---|---|---|---|---|---|---|
| 13 食品加工业 | 4.96 | 5.49 | 5.77 | 5.21 | 5.26 | 4.34 | 2.86 | 6.81 |
| 14 食品制造业 | 6.66 | 12.66 | 6.44 | 7.08 | 6.79 | 6.20 | 4.91 | 8.14 |
| 15 饮料制造业 | 5.26 | 6.48 | 5.08 | 5.46 | 5.63 | 4.47 | 2.36 | 9.39 |
| 17 纺织业 | 7.63 | 9.41 | 11.58 | 8.24 | 7.78 | 7.18 | 4.28 | 9.78 |
| 18 服装及其他纤维制品制造业 | 5.67 | 8.42 | 7.24 | 5.46 | 6.06 | 5.26 | 4.23 | 6.43 |
| 19 皮革、毛皮、羽绒及其制品业 | 8.98 | 7.63 | 8.40 | 8.81 | 9.77 | 7.91 | 8.78 | 10.5 |
| 20 木材加工及竹、藤、棕、草制品业 | 7.14 | 5.76 | 8.07 | 7.99 | 7.88 | 6.90 | 7.10 | 7.90 |
| 21 家具制造业 | 10.38 | 18.2 | 12 | 13.62 | 9.80 | 9.85 | 8.94 | 11.97 |
| 22 造纸及纸制品业 | 7.75 | 16.6 | 7.83 | 9.72 | 7.59 | 6.43 | 4.3 | 12.30 |
| 23 印刷业、记录媒介的复制 | 7.65 | 7.26 | 8.25 | 7.49 | 9.17 | 6.69 | 6.59 | 10.79 |
| 24 文教体育用品制造业 | 16.67 | 24.16 | 20.35 | 16.38 | 18.08 | 13.66 | 17.58 | 20.69 |
| 25 石油加工及炼焦业 | 5.7 | 15 | 5.4 | 5 | 6.56 | 5.52 | 6.33 | 6.6 |
| 26 化学原料及化学制品制造业 | 8.93 | 13.81 | 11.72 | 10.07 | 8.35 | 7.84 | 4.56 | 14.31 |
| 27 医药制造业 | 9.34 | 11.92 | 14.64 | 10.50 | 9.02 | 8.59 | 4.05 | 13.44 |
| 28 化学纤维制造业 | 10.54 | 15.91 | 12.33 | 12.02 | 10.14 | 7.98 | 5.90 | 16.10 |

续表

| 制造业行业 | 全样本 | 国有企业 | 集体企业 | 私营企业 | 三资企业 | 一般贸易 | 加工贸易 | 混合贸易 |
|---|---|---|---|---|---|---|---|---|
| 29 橡胶制品业 | 13.11 | 23.42 | 27.06 | 14.17 | 12.47 | 7.97 | 11.2 | 18.81 |
| 30 塑料制品业 | 9.90 | 8.53 | 14.07 | 12.14 | 9.58 | 8.84 | 7.50 | 12.71 |
| 31 非金属矿物制品业 | 10.46 | 12.58 | 12.31 | 11.63 | 11.15 | 10.23 | 4.94 | 12.51 |
| 32 黑色金属冶炼及压延加工业 | 7.34 | 12.27 | 9 | 8.35 | 7.28 | 6.79 | 2.73 | 12.25 |
| 33 有色金属冶炼及压延加工业 | 6.77 | 7.77 | 6.28 | 8.75 | 6.33 | 6.34 | 2.97 | 9.83 |
| 34 金属制品业 | 10.27 | 11.97 | 14.87 | 12.53 | 10.12 | 9.55 | 6.39 | 13.71 |
| 35 普通机械制造业 | 8.64 | 7.53 | 10.35 | 10.74 | 8.68 | 7.91 | 4.63 | 12.97 |
| 36 专用设备制造业 | 8.14 | 11.45 | 10.80 | 10.08 | 8.02 | 7.22 | 5.62 | 12.71 |
| 37 交通运输设备制造业 | 9.13 | 10.21 | 11.16 | 12.78 | 8.28 | 8.36 | 5.51 | 12.35 |
| 39 武器弹药制造业 | 11.25 | 14.68 | 21.93 | 13.38 | 10.65 | 10.39 | 6.54 | 15.86 |
| 40 电气机械及器材制造业 | 9.12 | 10.25 | 13.20 | 9.75 | 9.19 | 7.85 | 7.36 | 12.08 |
| 41 电子及通信设备制造业 | 11.61 | 10.41 | 10.11 | 15.67 | 11.05 | 11.65 | 5.45 | 15.04 |
| 42 仪器仪表及文化、办公用机械制造业 | 11.43 | 10.36 | 10.51 | 12.78 | 11.74 | 10.68 | 6.03 | 14.90 |
| 中高科技行业 | 9.63 | 11.29 | 13.16 | 11.59 | 9.47 | 8.69 | 6.42 | 13.71 |
| 中低科技行业 | 8.54 | 10.50 | 10.85 | 9.43 | 8.86 | 7.71 | 7.17 | 10.68 |

注：①作者根据海关数据库与中国工业企业数据库对接整理所得；②海关数据库与当年工业企业数据库无法实现全部企业一一对接，造成部分企业信息急缺失，因此本表仅表现企业所属行业特征。③本报告"16"为烟草制品业，因出口样本极少，不具备大样本属性，未汇报统计结果。

54

表3-3 出口规模集中度与企业出口市场范围（2007）

| 出口市场范围 | 全样本 金额（%） | 国有企业 金额（%） | 集体企业 金额（%） | 私营企业 金额（%） | 三资企业 金额（%） | 一般贸易 金额（%） | 加工贸易 金额（%） | 混合贸易 金额（%） |
|---|---|---|---|---|---|---|---|---|
| 1 | 4.02e+10 (6) | 1.36e+09 (1) | 4.59e+08 (2) | 4.71e+09 (5) | 2.77e+10 (7) | 1.21e+10 (7) | 1.62e+10 (11) | 1.19e+10 (3) |
| 2 | 3.11e+10 (4) | 1.71e+09 (2) | 5.38e+08 (2) | 4.60e+09 (5) | 2.07e+10 (5) | 1.06e+10 (6) | 9.15e+09 (6) | 1.13e+10 (3) |
| 3~5 | 6.55e+10 (10) | 3.90e+09 (4) | 1.66e+09 (6) | 1.01e+10 (11) | 4.17e+10 (10) | 2.33e+10 (13) | 1.44e+10 (10) | 2.77e+10 (8) |
| 6~10 | 8.11e+10 (12) | 6.45e+09 (6) | 2.33e+09 (8) | 1.44e+10 (15) | 5.05e+10 (12) | 2.86e+10 (16) | 1.38e+10 (9) | 3.88e+10 (11) |
| >10 | 4.62e+11 (68) | 8.93e+10 (87) | 2.27e+10 (82) | 6.09e+10 (64) | 2.64e+11 (65) | 9.86e+10 (57) | 9.31e+10 (63) | 2.71e+11 (75) |
| 11~30 | 2.23e+11 (33) | 2.38e+10 (23) | 5.94e+09 (21) | 3.49e+10 (36) | 1.44e+11 (35) | 6.41e+10 (37) | 3.85e+10 (26) | 1.21e+11 (33) |
| 31~50 | 1.01e+11 (15) | 1.31e+10 (13) | 5.53e+09 (20) | 1.48e+10 (16) | 5.87e+10 (15) | 2.30e+10 (13) | 1.96e+10 (13) | 5.80e+10 (16) |
| >50 | 1.39e+11 (20) | 5.24e+10 (51) | 1.12e+10 (40) | 1.12e+10 (12) | 6.07e+10 (15) | 1.15e+10 (7) | 3.50e+10 (24) | 9.21e+10 (26) |

注：①作者根据海关数据库与中国工业企业数据库对接整理所得；②海关数据库出口金额单位为美元。

　　企业的出口扩张沿扩展边际与集约边际共同实现，那么在此过程中，企业又如何在扩展边际与集约边际之间配置资源？我们从出口市场视角考察了企业内扩展边际（出口市场范围）与集约边际（单位市场出口额）的关系。由表3－4可见，企业内扩展边际与集约边际之间并非单调的线性关系，总体情况下，两者呈现出U形特征，即单位市场出口额的最低值出现在居中的出口市场集，在总样本中体现为6～10出口市场区间内，平均出口值约53万美元，其他细分维度的企业类型也基本符合U形特征，但单位市场出口额最低值出现的市场区间略有不同。企业内扩展边际与集约边际之间的U形关系表明，在企业拓展出口市场的动态过程中，市场范围的初期扩张会导致单个市场出口规模缩水，但在跨越一定阶段之后，就会迎来出口市场广度与深度的同步上升。上述U形关系意味着出口市场多元化可能对处于不同扩张阶段的出口企业有着不同的意义。企业最初始的出口市场扩张动力极有可能来自产品分销的压力，从而引发了企业内扩展边际与集约边际之间的负相关关系。当企业的出口市场数目达到一定水平后，出口市场的范围经济效应逐渐凸显，同时在多个市场出口的总成本低于单独在多个市场出口的成本和，于是企业内扩展边际与集约边际又呈现正相关关系。那么出口市场的范围经济效应是否存在，又是否对出口市场数量有一定要求，Wang和Zhao（2013）在Melitz（2003）和Castagnino（2010）的基础上构建了一个异质性企业模型，其中，企业出口固定成本由两部分组成，一是市场特定的出口固定成本，二是一般性的出口固定成本（与具体的出口市场无关），而后者将在全部出口目的地之间共同分摊，并且成本大小取决于出口目的地之间的相似性。一般性出口固定成本的共同分摊机制解释了出口市场范围经济效应的存在具有合理性，随着企业出口市场的不断扩张，出口目的地之间在地理、经济、文化、制度等方面的

**表 3 - 4 出口市场集中与单位市场出口额**

| 出口市场范围 | 全样本 | 国有企业 | 集体企业 | 私营企业 | 三资企业 | 一般贸易 | 加工贸易 | 混合贸易 |
|---|---|---|---|---|---|---|---|---|
| 1 | 1080557 | 1566374 | 862796 | 676342 | 1788765 | 463539 | 2449759 | 2617838 |
| 2 | 831086 | 1617086 | 759738 | 550217 | 1292746 | 409946 | 1991115 | 1635693 |
| 3～5 | 649807 | 1171544 | 647215 | 377191 | 967046 | 336847 | 1511284 | 1247181 |
| 6～10 | 530345 | 1165326 | 495440 | 305662 | 772189 | 283318 | 1134972 | 979503 |
| 11～30 | 540303 | 1258680 | 425013 | 242783 | 810112 | 254967 | 1196705 | 963888 |
| 31～50 | 564031 | 937740 | 547337 | 244095 | 840537 | 243169 | 1320618 | 853654 |
| ＞50 | 1146285 | 1825665 | 1281792 | 351513 | 1669655 | 293012 | 3775589 | 1434913 |

注：作者根据海关数据库与中国工业企业数据库对接整理所得。

相似点越来越多，范围经济效应逐渐形成，发展出企业内扩展边际与集约边际的正相关关系。通过横向对比，本书还发现不同类型的企业对单一出口市场的利用程度也不尽相同。在所有制结构下，除单一市场出口企业外，单位市场出口额的对比关系表现为国有企业 > 三资企业 > 集体企业 > 私营企业。在贸易类型结构下，除单一市场出口企业外，单位市场出口额的对比关系表现为加工贸易 > 混合贸易 > 一般贸易。

## 第三节　中国企业多元出口市场的等级制度

出口市场等级制度刻画了企业多元出口市场之间的关系，该理论认为企业的出口市场进入决策是基于其生产率水平的自选择行为，各出口目的地依据市场进入难度形成严格的等级次序，企业的出口市场扩张应按照由易到难的顺序，先进入最受欢迎的市场，再进入次受欢迎的市场，依次类推。既有文献对出口市场进入难度的界定采用了零利润单位成本门槛和零利润生产率门槛，前者与市场进入难度成反比，后者与市场进入难度成正比。Eaton 等（2011）假定企业因异质性的生产率形成不同的单位成本，而各个出口市场都有对应的零利润单位成本门槛，从而决定了企业在各个出口市场中的盈利性。如果企业足以进入第 K 个出口市场，那么必然能够进入所有零利润单位成本门槛值高于 K 的其他出口市场。Chaney（2008）扩展了 Melitz 模型，引入非对称性的出口市场规模和固定贸易壁垒，并对出口市场按照进入的便利程度进行降序排列，如果出口企业进入了第 M 个市场，也必然进入列位于 M 之前的所有出口市场。为了验证出口市场等级制度是否符合中国的出口事实，我们将 2007 年中国企业的 226 个出口目的地按照进入企业数目进行了降序排列，图3-1列出了排名前50位出口目的地的进入企业占比。其中，企业进入数目最多的是美国，进入企业占比42.9%，次受欢迎的出口市场为日本，进入企业占比31%，与美国形成较大的差距。排名在前10位的其他8个最受欢迎出口目的地分别为中国香港（31%）、韩国（28%）、德国（25%）、英国（22%）、加拿大（20%）、澳大利亚（20%）、意大利（19%）和中国台湾（18%），全部为发达经济体，分布在亚洲、欧洲、北美洲和大洋洲。排名在第25位的出口目的地为墨西哥，进入企业占比10%，从其后的越南开始，进入企业占比均低于10%。排名在第50位的出口目的地为秘鲁，进入企业占比已经降至4%。在出口市场等级制度下，如果美国为最受欢迎的出口市场，那么所有出口企业选择进入的第一个出口目的地均应为美国，进入美国的出口企业占比理论值是100%，与实际进入美国的企业占比42.9%差距较大，即57.1%的企业选择了进入难度高于美国的出口目的地作为首个出口市场，这至少说明并非所有的中国出口企业都遵循了出口市场等级制度。

那么出口市场等级制度又是否完全违背中国的出口事实？我们将出口企业按照出口市场范围分为1~3、4~6、7~10和10个以上共四组企业，排名前50位出口目的地继续按照进入企业数目降序排列，进而分组统计各个出口市场的进入企业占比（详见图3-2）。在出口市场等级制度下，企业出口目的地的进入顺序应沿着出口市场受欢迎程度向下拓展，只有当企业进入了第N个最受欢迎的出口市场后，才会进入第N+1个。因此，就同一出口市场而言，进入该市场的企业占比应随企业出口市场范围的扩大而递增。然而，我们在排名前4位的出口市场中却发现了与之相反的关系，以美国为例，进入美国的企业占比在1~3出口市场组中为13%，在4~6出口市场组中为11%，在7~10出口市

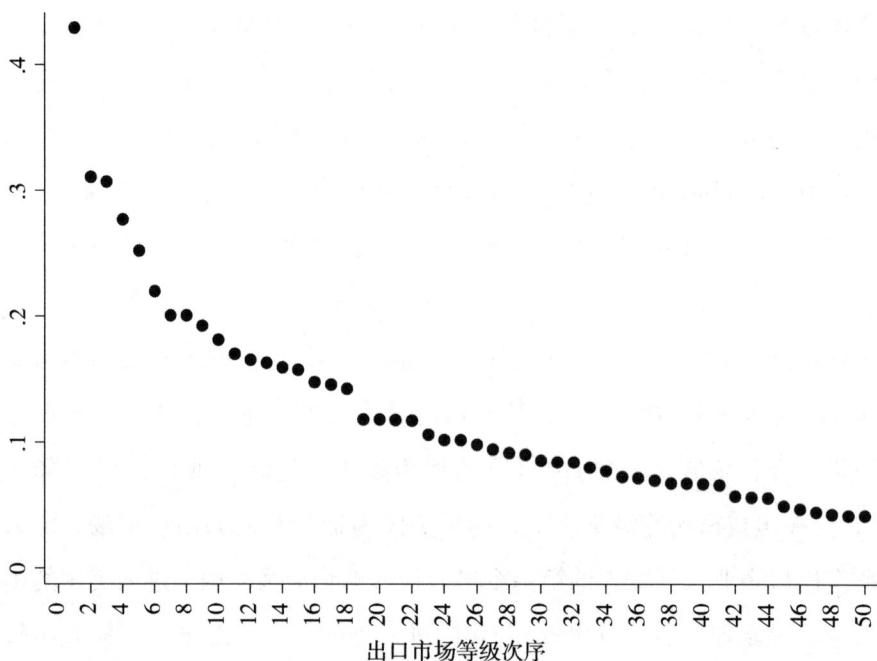

图 3 - 1　多元出口市场的等级次序

场组中为 8.5% ，在 10 个以上出口市场组中为 4% 。对于排名第 5 ~ 18
位最受欢迎的出口市场，进入企业占比与企业出口市场范围的关系开始
向与出口市场等级制度相符的方向调整，至第 19 位最受欢迎的出口市
场之后，两者的正比关系逐渐清晰。上述事实表明，受欢迎程度越高的
出口市场之间等级制度越模糊，我国企业在选择初始出口市场时可能具
有分化特征，对美、日、欧、亚等出口市场各有侧重，但在随后以初始
出口目的地为基础展开的后续市场扩张上，又部分遵循了出口市场等级
制度[1]。

---

[1] 之所以称之为部分遵循，是因为本书采用的方法只能证明企业出口目的地的进入顺
序沿着出口市场受欢迎程度向下拓展，但允许企业在此过程中跳过某些市场，因而
不能称之为严格遵循。

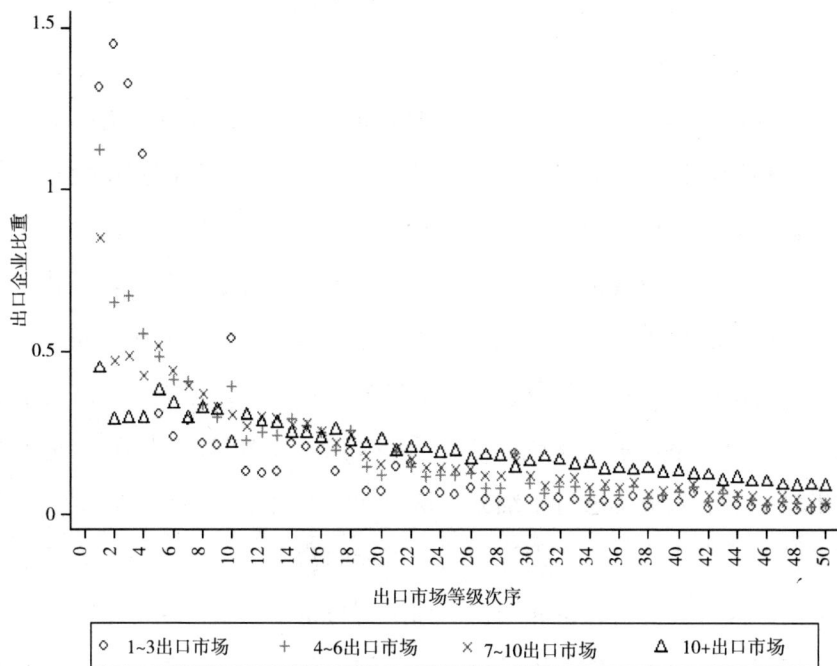

图 3 - 2　市场分组与多元出口市场的等级次序

# 第四节　中国企业多元出口市场的动态调整

　　企业出口市场的调整具有高度的动态性，既有文献对企业整体出口状态的持续或转变已形成了较丰富的研究，但是，对从更为细致的市场维度考察企业的进入和退出却缺乏足够的关注。本书以 2006—2007 年海关数据库为支撑，筛选出 82058 个持续出口企业样本，描述了我国企业调整出口市场的动态过程（详见表 3 - 5）。总样本中，出口市场不变的企业占比仅为 21%，67% 的企业扩张了出口市场，61% 的企业收缩了出口市场。Eaton 等（2007）的研究表明，企业的出口市场扩张并非"一劳永逸"，大部分的贸易关系会在一年内终止，这种"浅尝辄止"的做法与出口风险、出口利润、出口成本等信息不充分有关，是企业在各种不确定性作用下的试探行为（Albornoz et al. , 2012）。按照本书的统计，相当数量的企业退出了前期出口市场，说明出口试探行为不仅普遍存在于我国出口企业，而且失败的概率并不低。我们还发现，三资企业与加工贸易企业的市场退出占比明显低于其他类型企业，表明其在出口市场试探过程中面临着较低的不确定性。与内资企业相比，外资企业受益于跨国经营背景，具有较强的信息搜寻和信息处理优势，有助于降低其在新出口市场中的不确定性。孙少勤等（2014）对加工贸易企业的出口市场进入成本进行了细分，认为加工贸易企业只需承担生产设施和设备的固定成本，研发设计、国外市场的营销、销售和服务等固定成本均由国外企业支付，由此弱化了加工贸易企业在出口成本上的不确定性。按照上述逻辑，提高出口市场进入的成功概率，避免出口沉没成本支付的有效途径是缓解企业在出口市场中面临的不确定性，因此，注意企业自身的出口经验积累和前期已进入出口企业的信息外溢将有利于出口市场多元化战略的实施。

表 3－5 企业出口市场的进入与退出 (2007)

| 出口市场<br>变动 | 全样本 | 国有企业 | 集体企业 | 私营企业 | 三资企业 | 一般贸易 | 加工贸易 | 混合贸易 |
|---|---|---|---|---|---|---|---|---|
| N（%） | 82058 (100) | 3137 (100) | 2334 (100) | 26030 (100) | 43725 (100) | 50308 (100) | 9986 (100) | 21764 (100) |
| 不变 | 17023 (21) | 329 (10) | 270 (12) | 3665 (14) | 11399 (26) | 9538 (19) | 3653 (36) | 3832 (18) |
| 总进入 | 55112 (67) | 2420 (77) | 1795 (77) | 19564 (75) | 26288 (60) | 34891 (69) | 4653 (47) | 15568 (72) |
| 总退出 | 50339 (61) | 2384 (76) | 1710 (73) | 18422 (71) | 24564 (56) | 32094 (64) | 4763 (48) | 13482 (62) |

注：①作者根据海关数据库与中国工业企业数据库对接整理所得；②由于企业在扩张出口市场的同时，也可能退出部分已出口市场，因此不变、总进入与总退出的比例和可以超过 1。

进一步地，本书还探讨了企业在不同出口市场中的进入、退出行为是否有所差异。图 3 - 3 对 2006—2007 年持续出口的 82058 个出口企业按照 2006 年各个出口目的地中的出口企业数目降序排列了出口市场等级，并统计了 2006—2007 年各个出口市场中进入（退出）企业数目占2006 年该市场中在位出口企业数目的比重。图 3 - 3 中两条向右上方倾斜的曲线表明，受欢迎程度越低的出口市场企业进入和退出的比例越高。一方面，在受欢迎程度越高的出口市场中，前期已进入的出口企业数目越多，企业间的扩展边际（出口企业数目）增长潜力有限，新进入的出口企业数量就越少。另一方面，受欢迎程度越低的出口市场中企业退出比例越高，仍可以在出口不确定性框架下得到解释。企业很难提

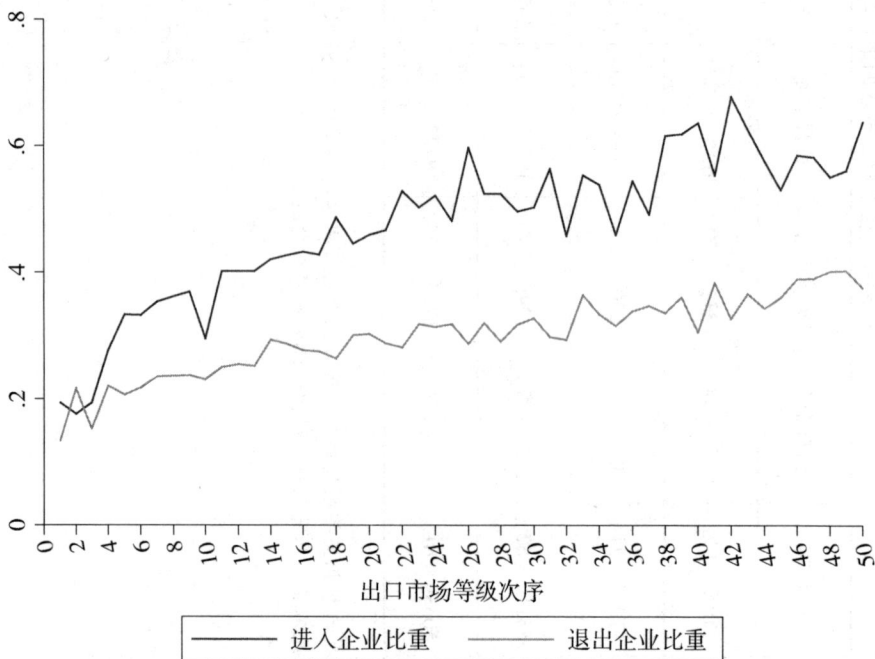

图 3 - 3　多元出口市场的等级次序及强企业进入与退出（2006—2007）

前获取与特定出口市场相关的需求或竞争环境等不可预知信息（Lawless，2009），随着出口市场受欢迎程度降低，已进入的出口企业数目就越少，信息外溢的获取渠道越有限，使得企业进入这类出口市场面临着更大的不确定性，增加了出口尝试失败的概率。此外，我们还发现，除了第2个最受欢迎的出口市场（中国香港）外，其他出口市场均表现为进入企业占比高于退出企业占比，体现出我国企业较强的出口市场扩张意愿和能力，也因此在绝大部分的出口市场中，企业间的扩展边际逐年增长，成为我国出口扩张的重要驱动力量。

表3-6绘制了2006—2007年我国企业的出口市场转换率矩阵，描述了出口市场的进入与退出和前期出口市场范围的关系。其中，我们发现了如下几个显著特征：第一，出口市场的稳定性随出口市场范围的增加而递减。单一市场出口企业中，61%的企业未调整出口市场，而对于出口市场范围大于（等于）26的出口企业，全部企业均调整了出口市场。第二，出口市场的进入数目随出口市场范围的增加而递增。对于出口市场范围为1~5的出口企业，出口市场进入区间中占比最大的均为增加1个出口市场。对于出口市场范围大于（等于）6的出口企业，出口市场进入区间中占比最高的均为增加大于（等于）6个出口市场，并且该比值也与出口市场范围成正比。这一特征表明，企业出口市场选择的空间模式到底是"逐个击破"还是"一网打尽"在很大程度上取决于前期出口市场范围。第三，出口市场的退出数目也随出口市场范围的增加而递增。对于出口市场范围为1~5的出口企业，出口市场退出区间中占比最高的均为减少1个出口市场。而对于出口市场范围大于（等于）11的出口企业，出口市场退出区间中占比最高的均为减少大于（等于）6个出口市场。第四，当出口市场退出数目与企业出口市场范

围相等时，意味着该企业有可能改变出口状态①，即可能由出口企业转变至非出口企业。Roberts 和 Tybout（1997）认为，由于出口沉没成本的存在，为了避免重复支付，企业很少会发生出口状态的转变，本书的结论也与之相符，对于出口市场范围为 1~5 的出口企业，出口市场退出数目等于出口市场范围的企业个体较为有限，并且这部分企业占比随出口市场范围的增加而递减，即市场范围越广的出口企业退出出口状态的可能性越低。第五，随着出口市场范围的上升，有市场进入行为和有市场退出行为的企业占比均逐渐提升，并且由于后者的增长速度较前者更快，在数量上会逐渐超过前者。对于单一市场出口企业，其中 38.9% 有市场进入行为，7% 有市场退出行为，而在出口市场范围大于（等于）26 的出口企业中，97.4% 的出口企业有市场进入行为，99.6% 的出口企业有市场退出行为。

---

① 之所以称之为有可能，是因为即使企业退出了所有当前的出口市场，也可能同时扩张到新的出口市场，并不必然导致其退出出口状态。因此，实际中退出出口状态的企业数目应比出口市场退出数目等于出口市场范围的企业数目更低。

表3－6　出口市场转换率（2006—2007）

| | | 2006年出口市场集 | | | | | | | |
|---|---|---|---|---|---|---|---|---|---|
| | N（%） | 1 | 2 | 3 | 4 | 5 | 6～10 | 11～25 | ≥26 |
| | | 20246（100） | 11943（100） | 7670（100） | 5603（100） | 4579（100） | 13385（100） | 13563（100） | 5069（100） |
| 2007年出口市场变动数目 | +6⁺ | 1228（8.1） | 830（6.9） | 678（8.8） | 676（12.1） | 667（14.8） | 2993（22.4） | 5822（42.9） | 3703（51.1） |
| | +5 | 284（1.4） | 254（2.1） | 222（2.9） | 203（3.6） | 236（5.15） | 2426（18.1） | 1301（9.6） | 363（7.2） |
| | +4 | 403（2.0） | 395（3.3） | 369（4.8） | 349（6.2） | 348（7.6） | 2132（15.9） | 1466（10.8） | 313（6.2） |
| | +3 | 687（3.3） | 623（5.2） | 585（7.6） | 502（9.0） | 513（11.2） | 1653（12.3） | 1552（11.4） | 222（4.4） |
| | +2 | 1435（7.1） | 1220（10.2） | 1066（13.9） | 854（15.2） | 676（14.8） | 1231（9.2） | 1457（10.7） | 200（3.9） |
| | +1 | 3831（18.9） | 2664（22.3） | 1891（24.7） | 1317（23.5） | 1009（22.0） | 938（7.0） | 1180（8.7） | 135（2.7） |
| | 不变 | 12378（61.1） | 3058（25.6） | 888（11.6） | 339（6.1） | 170（3.7） | 166（1.2） | 24（0.2） | 0（0） |
| | -1 | 1465（7.0） | 5155（43.2） | 3009（39.2） | 1889（33.7） | 1335（29.2） | 2686（20.1） | 1014（7.4） | 85（1.7） |
| | -2 | 0（0） | 500（4.2） | 1799（23.5） | 1517（27.0） | 1227（26.8） | 3070（22.9） | 1506（11.1） | 140（2.8） |
| | -3 | 0（0） | 0（0） | 227（3.0） | 729（13.0） | 747（16.3） | 2651（19.8） | 1886（13.9） | 258（5.1） |
| | -4 | 0（0） | 0（0） | 0（0） | 96（1.7） | 373（8.1） | 1710（17.8） | 1896（14.0） | 363（7.2） |
| | -5 | 0（0） | 0（0） | 0（0） | 0（0） | 46（1.0） | 1051（7.9） | 1716（12.7） | 408（8.0） |
| | -6⁺ | 0（0） | 0（0） | 0（0） | 0（0） | 0（0） | 878（6.6） | 5113（37.7） | 3793（74.8） |
| | 总进入 | 7868（38.9） | 5986（50.1） | 4811（62.7） | 3901（69.6） | 3459（75.5） | 11373（85.0） | 12778（94.2） | 4936（97.4） |
| | 总退出 | 1465（7.0） | 5655（47.4） | 5035（65.6） | 4231（75.5） | 3728（81.4） | 12047（90.0） | 13131（96.8） | 5047（99.6） |

注：①作者根据海关数据库与中国工业企业数据库对接整理所得；②由于企业在出口市场扩张的同时，也可能退出部分已出口市场，因此不变，总进入与总退出的比例和可以超过1。

## 第五节　出口市场多元化对出口扩张的贡献度

无论是出口创汇还是稳定外需，出口市场多元化战略的政策意图均指向了出口数量扩张，那么作为一项出口促进政策，出口市场多元化战略的有效性如何？出口市场多元化对出口促进的作用机制可以在二元边际框架下得以说明。新新国际贸易理论将出口增长的原因归结于集约边际和扩展边际，其中，扩展边际是由新的贸易关系建立（新的出口企业、出口市场或出口产品）带来的出口增长，集约边际是沿着现有贸易关系的规模扩张，出口市场多元化是从属于出口扩展边际的一个维度，对出口增长的解释力度也得到了文献的支持（Evenett 和 Venables，2002；Schmeiser，2012），那么它对中国的出口增长又起到了何种作用？为了量化出口市场多元化对我国出口扩张的作用效果，本书将我国总出口变动额分解如下：

△总出口额＝新进入企业出口额－退出企业出口额＋△持续出口企业出口额

$$(3.1)$$

△持续出口企业出口额＝新进入市场出口额－退出市场出口额＋△持续出口市场出口额

$$(3.2)$$

其中，新进入企业为第 t 期未能出口，而 t＋1 期出口的企业；退出企业为第 t 期出口，而 t＋1 期未能出口的企业；持续出口企业为第 t 期和 t＋1 期同时出口的企业。根据 2000—2007 年中国海关数据库，我们对相邻年份的出口企业样本进行了对接，并按照上述公式分解出持续出口企业在新进入市场的出口额占总出口变动额的比重，表征企业出口市场多元化对出口扩张的贡献度（详见表 3 - 7）。2000—2007 年，新进入

表3-7　出口市场多元化对出口增长的贡献度（2006—2007）

| | 2000—2001 | 2001—2002 | 2002—2003 | 2003—2004 | 2004—2005 | 2005—2006 | 2006—2007 |
|---|---|---|---|---|---|---|---|
| △出口额 | 3.11e+10 (100) | 2.26e+10 (100) | 1.03e+11 (100) | 1.21e+11 (100) | 9.61e+10 (100) | 1.92e+11 (100) | -5.88e+10 (100) |
| 新进入企业出口额 | 9.74e+09 (31.3) | 1.29e+10 (57.4) | 2.03e+10 (19.7) | 1.12e+11 (92.2) | 1.57e+10 (16.3) | 1.77e+11 (92.0) | 1.71e+11 (-290.0) |
| 新进入企业数目 | 11180 | 14710 | 18990 | 28488 | 16527 | 43852 | 50059 |
| 退出企业出口额 | -1.09e+10 (-34.9) | -9.15e+08 (-4.1) | -3.47e+09 (-3.4) | -7.06e+10 (-58.3) | -6.42e+09 (-6.7) | -5.21e+10 (-27.1) | -2.64e+11 (448.6) |
| 退出企业数目 | 13337 | 1801 | 7532 | 14996 | 11162 | 15235 | 41147 |
| △持续出口企业出口额 | 3.22e+10 (103.6) | 1.05e+10 (46.5) | 8.59e+10 (83.6) | 8.01e+10 (66.1) | 8.68e+10 (90.4) | 6.75e+10 (35.1) | 3.45e+10 (58.7) |
| 新进入市场出口额 | 1.01e+10 (32.4) | 1.24e+10 (55.0) | 1.69e+10 (16.5) | 1.75e+10 (14.5) | 2.71e+10 (28.2) | 3.03e+10 (15.72) | 5.96e+10 (-101.4) |
| 退出市场出口额 | -5.32e+09 (-17.1) | -8.34e+09 (-37.0) | -7.23e+09 (-7.0) | -1.03e+10 (-8.5) | -1.6e+10 (-16.6) | -2.77e+10 (-14.4) | -2.11e+10 (35.8) |
| △持续出口市场出口额 | 2.75e+10 (88.4) | 6.50e+09 (28.8) | 7.62e+10 (74.2) | 7.29e+10 (60.2) | 7.57e+10 (78.8) | 6.5e+10 (33.8) | -4.13e+09 (7.0) |
| 持续出口企业数目 | 40184 | 49563 | 56741 | 60735 | 78061 | 79353 | 82058 |

注：作者根据海关数据库整理所得。

69

市场出口额对出口扩张的贡献度最低为 14.5%，最高为 55%，在出口下滑的 2006—2007 年，新进入市场出口额对出口下降的抵消作用达到 101%。以上数据不仅佐证了出口市场多元化战略在出口促进方面的有效性，也揭示了我国企业在贸易自由化和出口市场经济衰退的外部冲击环境下如何做出出口市场选择决策。2001 年年底中国加入世贸组织，开始直接享受多边贸易体制下无条件、稳定的最惠国待遇，为出口企业创造了有利的国际市场准入环境，加速了企业出口市场拓展，2001—2002 年新进入市场出口额对出口扩张的贡献度高达 55%。2006—2007 年，全球金融危机对我国出口的负面影响已经初步显现，出现了样本期内持续出口企业在持续出口市场出口额的首次下降，加大了企业分散出口市场的动力，新进入市场出口额快速增长，对总出口额下滑的抵消作用明显，这意味着分散和转移出口市场确实起到了稳定外需的作用。值得注意的是，由于企业在新出口市场的初始出口行为带有某种试探性，往往会以小额贸易开始，如果能将贸易关系稳定下去，从中长期的角度来看，出口市场多元化对企业出口扩张的贡献度还将更加显著。

## 第六节　本章小结

出口市场多元化战略伴随了我国改革开放的主要历程，作为一项出口促进政策，在出口创汇、拉动宏观经济增长和稳定外需等方面起到了积极作用。本书采用 2000—2007 年中国海关数据库从微观视角对我国企业出口市场多元化的实施状况做出全面、系统的刻画，并总结出如下特征事实：

第一，中国企业的多元市场出口情况非常普遍，多元市场出口企业占比高于同时期的美国、法国和以色列；在所有制结构下，三资企业的出口市场多元化水平低于内资企业，在内资企业中，出口市场平均数目与公有制经济成分成正比；在贸易类型结构下，混合贸易企业出口市场多元化水平高于一般贸易和加工贸易企业。

第二，多元市场出口企业是我国出口份额的主要创造者。我国企业的出口结构表现为大量单一市场小规模出口企业与少数多元市场大规模出口企业并存，出口规模集中度较高，但在程度上仍不及美国。

第三，企业内扩展边际与集约边际之间并非单调的线性关系，总体情况下，两者呈现出 U 形特征，该特征表明，企业在拓展出口市场的动态过程中，市场范围的扩张在初期会导致单个市场出口规模缩水，但在跨越一定阶段之后，就会迎来出口市场广度与深度的同步上升。

第四，出口市场等级制度并不完全符合中国事实，受欢迎程度越高的出口市场之间等级制度越模糊，意味着我国企业在选择初始出口市场时可能具有分化特征，对美、日、欧、亚等出口市场各有侧重，但在随后以初始出口目的地为基础展开的后续市场扩张中，又部分遵循了出口市场等级制度。

第五，企业出口市场的调整具有高度的动态性，三资企业与加工贸易企业的市场退出占比明显低于其他类型企业，表明其在出口市场试探过程中面临着较低的不确定性。对于不同的出口市场，总体而言，受欢迎程度越低的出口市场企业进入和退出的比例越高。在不同的出口市场范围区间，出口市场的稳定性随出口市场范围的增加而递减，出口市场的进入数目和退出数目随出口市场范围的增加而递增。

第六，2000—2007 年，企业在新进入出口市场的出口额对出口扩张的贡献度最低为 14.5%，最高为 55%，在出口下滑的 2006—2007 年，新进入市场出口额对出口下降的抵消作用达到 101%，验证了出口市场多元化战略在出口促进和出口稳定方面的有效性。

对于出口市场多元化战略的后续制定和实施，上述特征事实具有一定的政策含义：

首先，作为全球第一的货物出口国，我国企业的出口市场多元化已经达到了较高水平，多元市场出口企业不仅是中国出口市场中的主体力量，也是中国出口份额的主要创造者。出口市场多元化既能够在中国出口的高速增长期"锦上添花"，也能够在传统出口市场出现负面冲击时"雪中送炭"，因此，出口市场多元化战略不应仅作为一种权宜之计，而是需要长期稳定地实施下去。

其次，提高企业出口市场多元化水平需要从两方面着手，一是促进企业出口市场扩张，二是稳定企业与已进入出口目的地的贸易联系。因此，需要注意企业自身的出口经验积累和前期已进入出口企业的信息外溢，以降低出口市场进入成本和出口不确定性。此外，还需缓解企业所受的融资约束，解决新增出口市场的固定成本融资问题。

最后，由于出口固定成本可以在全部出口目的地之间共同分摊，从而产生了出口市场的范围经济效应，并且分摊程度取决于出口目的地之间的相似性。因此，企业出口市场的拓展方向应尽可能利用新老出口市场之间的相似性发挥出口固定成本的分摊机制，并最终跨越企业内扩展边际与集约边际的 U 形底，实现出口市场广度与深度的同步上升。

# 第四章

# 出口存续期与出口市场多元化

——典型化事实

自 20 世纪 80 年代我国政府启动出口市场多元化战略以来，这一政策已经实施了 30 多年，如果说提出出口市场多元化的初衷只是解决外汇紧缺，规避西方经济封锁的权宜之计，在当前中国连续 8 年保持全球最大货物贸易出口国的历史背景下，过度依赖少数出口市场的做法已经难以为继。我国巨大的出口产能可以通过多元市场分摊消化，出口市场多元化战略势必成为中国保持贸易大国地位进而推进贸易强国进程的必然选择。一方面，30 多年来，出口市场多元化在出口创汇、推动经济增长和稳定外需方面发挥了不可或缺的积极作用。根据我们对 2007 年中国海关数据库部分相关数据的测算，单一市场出口企业数目仅占全部出口企业的 28%，我国 72% 的出口企业为多市场出口企业，出口市场大于 10 的企业占比为 22%。从出口规模来看，单一市场出口企业的出口份额仅为 6%，而出口市场大于 10 的企业对总出口的贡献度高达68%，多元市场出口企业已成为我国出口份额的主要创造者。然而另一方面，我国出口市场的集中度仍旧居高不下。2016 年，我国货物出口主要集中在亚洲（37%）、北美洲（26%）和欧洲（20%）①，对美日

①  world trade statistic review 2017, WTO。

欧三大经济体的出口占比高达 43.2%，如果再计入中国香港（考虑到香港地区规模庞大的转口贸易），对这四大经济体的出口份额将攀升至56.9%①。高度依赖少数出口市场不仅使我国的出口形势极易受到主要出口目的地经济冲击的拖累，也将频繁地引发反倾销、反补贴、关税、汇率或知识产权等方面的贸易纠纷。这也促使我国政府不断积极探索出口市场多元化的实施路径，不仅在"十三五"规划中明确了"优化外贸布局，推动出口市场多元化，提高新兴市场比重"的基本策略，在具体实施方面，也适时推出了丝绸之路经济带和21世纪海上丝绸之路（"一带一路"）倡议，旨在增进贸易便利化程度，开发沿线国家出口市场。本章将探讨出口市场多元化的实现机制，验证出口存续期与出口市场多元化之间的因果关系，并为后续的机制推演和实证检验提供典型化事实。

## 第一节　引言及文献回顾

出口市场多元化具有丰富的福利内涵，起到了抵御外部冲击，提升贸易条件，降低宏观经济波动，优化企业资源配置，实现范围经济和促进出口学习等诸多功效（Al‐Marhubi，2000；Herzer et al.，2006；Bacchetta et al.，2007；Hesse，2009；Sakho et al.，2009；易会文和黄汉民，2014），从学理上探讨出口市场多元化的实现机制是国际贸易领域的重要议题，一些国内学者将其称为出口广化或出口的地理广化（陈勇兵等，2014；黄先海和周子俊，2011）。在此类研究

---

① 根据 2017 年版《中国统计年鉴》计算所得。

中，近年来，出口存续期与出口市场多元化之间的联系机制开始受到学者的关注。

出口存续期与出口市场多元化统一于出口增长的二元边际理论框架之下。新新国际贸易理论将出口增长的原因归结于集约边际和扩展边际，其中，扩展边际是由新的贸易关系建立（新的出口企业、出口市场、出口产品及其组合）带来的出口增长，集约边际是沿着现有贸易关系的规模扩张。出口市场多元化归属于企业出口的扩展边际早已有所定论。Muûls 和 Pisu（2009）认为从企业微观视角出发，出口二元边际包括出口扩展边际（出口企业数目）和集约边际（企业出口规模），并可以进一步细分为"市场扩展边际"和"产品扩展边际"。钱学锋和余弋（2014）指出，贸易扩展边际包含种类和市场两个维度，新的出口产品种类和新的出口市场都属于扩展边际的范畴。相对而言，出口存续期则是集约边际的一个新维度。Besedeš 和 Prusa（2007）将出口增长分解为三个不同的组成部分：一是建立新的贸易伙伴和出口市场，二是贸易关系的维持和延续（时间），三是现有贸易关系的深化（规模）。他们认为第一部分导致了出口关系的增加，应为出口的扩展边际，后面两部分解释了一国贸易的深度（depth）或密集程度（intensity），应为出口的集约边际。Rakhman（2011）主张在出口集约边际下继续细分，并分解为"存续（survival）"和"深化（deepening）"两个维度。事实上，文献中也不乏用出口存续期解释贸易增长的特征事实。贸易关系的持续时间从一个新视角反映了动态的贸易过程，较长的贸易持续时间可以促进贸易的持续平稳发展（陈勇兵等，2012）。Besedeš 和 Prusa（2007）指出，发展中国家在出口集约边际方面的绩效与发达国家形成较大差距的原因主要在于它们无法维持和深化当前的出口关系。如果发展中国家能够延长贸易存续期，就可以取得更好的出口表现。Besedeš

和 Blyde（2010）在分析拉丁美洲地区出口贸易数据时，以东亚地区的平均风险率为参照标准，替代拉丁美洲国家的风险率，他们认为对于典型的拉丁美洲国家而言，出口年增长率将从 8.6% 增长到 10.1%，即增加 1.5%，如果考虑 1975—2005 年的较长时期，增长率将从 1601% 大幅提升至 2006%。长期以来，二元边际理论侧重于探讨扩展边际与集约边际在贸易增长中的作用。Hummels 和 Klenow（2005）、Evenett 和 Venables（2002）的研究结论更为支持扩展边际，而 Felbermayr 和 Kohler（2006）、Helpman 等（2008）、Eaton 等（2007）、Amiti 和 Freund（2008）则倾向于后者。扩展边际和集约边际被视为相互排斥、非此即彼的关系。

事实上，作为集约边际的出口存续期对扩展边际中的出口市场多元化具有正向的促进作用，二者之间的联系机制表现在出口存续期对特定出口市场进入固定成本的削减效应。Melitz（2003）构建了一个企业生产率异质性、出口固定成本同质性的一般均衡模型，由于出口固定成本对称性假设，当企业跨越零利润生产率门槛值后，即成为出口企业，且对所有市场都出口，反之则只能成为内销企业。Melitz（2003）模型解释了为什么只有少数企业能够"自选择"为出口企业，但其结论与现实仍存在一定差距。在企业—出口市场对（firm - markets pair）中有大量的零值贸易存在，为什么企业跨越了生产率门槛却仍有大量的潜在贸易未能实现？需要指出的是，企业出口固定成本与出口市场不无关系。出口固定成本包括在出口市场开展市场营销、建立分销渠道、办理出口行政手续、为适应消费者需求和政府规制做出商品适应性改造等费用（Kancs，2007）。上述成本的构成内容与出口市场本身具有高度的相关性。在理论框架中，Helpman 等（2008）、Chaney（2008）修正了对称性出口市场假定，引入了与特定市场相关（market - specific）的出口固定成本。因此，同一企业当面对具有不同出口固定成本的出口市场时，各出口市场也具有不同的零利润生产率门槛，于是形成出口与不出口两种结局。出口存续期是企业在出口市场获取和积累出口经验的动态过程，出口存续期越长的企业积累了越多海外市场的相关信息，这些企业在出口市场调查、建立海外市场销售渠道、产品适应性改造等方面驾轻就熟，并可以复制和套用在潜在出口市场，降低了企业进入新市场的出口固定成本，从而有助于企业跨越更多出口市场的生产率门槛，提升出口市场多元化水平。

　　基于上述理论与经验分析，出口存续期有助于实现企业出口市场多元化。本书旨在研究出口存续期对企业出口市场多元化的直接助推效果，可能的边际贡献有：首先，使用高度细化的微观企业层面面板数据考察出口存续期对出口市场多元化的促进作用，实证过程中采用了工具变量法、广义倾向得分匹配法缓解因双向因果关系和样本选择偏误产生的内生性问题，保证了研究结果的可信度。其次，出口存续期与出口市场多元化分属于出口二元边际的集约边际与扩展边际，有别于既有文献强调二者之间独立甚至相互排斥的关系。本书的研究结论建立了二元边际内部的联系机制，为深入理解国际贸易的增长路径提供了新的思路。本章余下部分结构安排为：第二部分是出口存续期的测算方法及其与出口市场多元化的典型化事实，第三部分是模型设定与基准回归结果，第四部分为稳健性检验，最后是本章小结。

## 第二节 出口存续期的测算

对每一个出口企业而言，其出口存续状态都可以作为一个国家的年度面板数据，本章以"西门子电器传动有限公司"为代表性企业，说明出口存续期的测算方法。表4–1中的"√"表示企业在该年度对目标市场有出口行为。2000—2007年，该公司共出口到23个国外市场，但在不同市场的出口存续状态差异较大。对德国的出口贯穿了整个样本期，仅有一个长度为8年的出口时间段（export spell）；对奥地利、泰国和韩国的出口年度总和虽然都为4年，但奥地利和韩国分为2个出口时间段，泰国为3个出口时间段；对南非、印度、意大利、日本和英国的出口年度总和都是2年，但在南非为持续2年，在其他国家和地区则有间断；在其余大部分国外市场的出口存续期都仅为1年。鉴于出口存续期是出口经验的获取渠道和积累过程，在企业在目标市场有多个出口时间段的情况下，本章选择距离观测期最近的持续时间段作为在该市场的出口存续期，以体现出口经验的时效性。例如，对于泰国市场，以2001年为观测期时，出口存续期计为1年（2002年）；以2005年为观测期时，由于2002—2003年出现了间断，出口存续期仅计为2年（2004—2005年）；以2007年为观测期时，由于2006年出现了间断，出口存续期仅计为1年（2007年）。

表4－1 代表性企业的出口存续状态

| 国家 | 2000 | 2001 | 2002 | 2003 | 2004 | 2005 | 2006 | 2007 | 出口时间段总数 | 出口年度总和 |
|---|---|---|---|---|---|---|---|---|---|---|
| 乌克兰 | | | | | | | √ | | 1 | 1 |
| 南非 | | √ | | | | | √ | √ | 1 | 2 |
| 印度 | | √ | | | | | | √ | 2 | 2 |
| 印尼 | | | | | | | | √ | 1 | 1 |
| 多米尼加 | | | | | | | √ | | 1 | 1 |
| 奥地利 | √ | √ | | | | | √ | √ | 2 | 4 |
| 希腊 | | | | | | | √ | √ | 1 | 1 |
| 德国 | √ | √ | √ | √ | √ | √ | √ | √ | 1 | 8 |
| 意大利 | √ | √ | | | √ | | | √ | 2 | 2 |
| 新加坡 | | | | | | | | √ | 1 | 1 |
| 新西兰 | | | | | √ | | | √ | 1 | 1 |
| 日本 | | | | | | | | √ | 2 | 2 |
| 智利 | | | | | | | | √ | 1 | 1 |
| 波兰 | | | | | | | | √ | 1 | 1 |

续表

| 国家 | 2000 | 2001 | 2002 | 2003 | 2004 | 2005 | 2006 | 2007 | 出口时间段总数 | 出口年度总和 |
|---|---|---|---|---|---|---|---|---|---|---|
| 泰国 | | √ | | | √ | √ | | √ | 3 | 4 |
| 澳大利亚 | | | | | | √ | | √ | 1 | 1 |
| 澳门 | | | | | | | | √ | 1 | 1 |
| 英国 | | | | | √ | | | √ | 2 | 2 |
| 菲律宾 | | | | | | | | √ | 1 | 1 |
| 阿联酋 | | | | | | | | √ | 1 | 1 |
| 阿根廷 | | | | √ | | | | √ | 1 | 1 |
| 韩国 | | | | | | √ | √ | √ | 2 | 4 |
| 马来西亚 | | | | | | | | √ | 1 | 1 |

数据来源：作者根据海关数据库整理所得。

在此基础上，本书进一步计算了企业层面的出口存续期。对于多市场出口企业，需要将其在各出口市场中的出口存续期取平均值。参照 Besedeš 和 Prusa（2006a，2006b）的方法，本书对多市场出口企业的出口存续期以样本期出口市场国内生产总值（GDP）为权重进行了加权平均，计算公式为：

$$Duration_{nt} = \sum_{i=1}^{I} \left( \frac{w_{nit} * D_{nit}}{\sum_{i=1}^{I} w_{nit}} \right) \qquad (4.1)$$

其中，$Duration_{nt}$ 是 $t$ 期企业 $n$ 的出口存续期，$D_{nit}$ 是 $t$ 期企业 $n$ 在出口市场 $i$ 的出口存续期，$w_{nit}$ 为单个市场 GDP 的权重值。本书计算了样本企业的出口存续期，表 4 – 2 汇报了 2000—2007 年企业出口存续期均值的年度特征。总样本下，企业出口存续期均值由 2000 年的 0.275 增长到 2007 年的 1.781，出口存续期逐年上升的时间趋势明显。在贸易类型结构下，混合贸易类出口企业的出口存续期显著高于相应年限的一般贸易与加工贸易企业，这可能与混合所有制企业具有更高的生产率水平（孙少勤等，2014）有关，提高了企业抵御出口市场各种风险冲击的能力。不同所有制企业之间的出口存续期差异并不十分显著。

表4-2　企业出口存续期均值的年度特征

| 年度 | 全样本 | 一般贸易 | 加工贸易 | 混合贸易 | 国有企业 | 集体企业 | 私营企业 | 三资企业 |
|------|--------|----------|----------|----------|----------|----------|----------|----------|
| 2000 | 0.275 | 0.233 | 0.239 | 0.331 | 0.293 | 0.273 | 0.237 | 0.277 |
| 2001 | 0.535 | 0.464 | 0.458 | 0.626 | 0.577 | 0.559 | 0.531 | 0.531 |
| 2002 | 0.793 | 0.695 | 0.679 | 0.920 | 0.849 | 0.840 | 0.828 | 0.787 |
| 2003 | 1.033 | 0.912 | 0.885 | 1.190 | 1.115 | 1.108 | 1.090 | 1.023 |
| 2004 | 1.260 | 1.106 | 1.082 | 1.449 | 1.338 | 1.376 | 1.316 | 1.248 |
| 2005 | 1.478 | 1.308 | 1.268 | 1.698 | 1.523 | 1.601 | 1.570 | 1.466 |
| 2006 | 1.663 | 1.443 | 1.438 | 1.925 | 1.698 | 1.751 | 1.737 | 1.654 |
| 2007 | 1.781 | 1.515 | 1.521 | 2.118 | 1.780 | 1.801 | 1.856 | 1.783 |

数据来源：作者根据海关数据库整理所得。

此外，我们还报告了28个制造业行业（依据中国工业企业数据库中的企业行业代码，选取制造业细分行业两位数代码13～42，不包括代码38）的出口存续期均值，行业平均出口存续期在0.396至2.010之间，详见表4-3。出口存续期最长的前五个行业分别为文教体育用品制造业（2.010），仪器仪表及文化、办公用机械制造业（1.539），橡胶制品业（1.344），皮革、毛皮、羽绒及其制品业（1.330），塑料制品业（1.313）；出口存续期最短的五个行业分别是石油加工及炼焦业（0.396）、纺织业（0.654）、服装及其他纤维制品制造业（0.683）、食品制造业（0.738）和造纸及纸制品业（0.781）。从行业科技水平来看，中高技术行业平均出口存续期为1.185年，中低技术行业平均出口存续期为1.051年。

表4-3 制造业行业平均出口存续期

| 制造业行业分类 | Duration |
| --- | --- |
| 13 食品加工业 | 0.837 |
| 14 食品制造业 | 0.738 |
| 15 饮料制造业 | 0.830 |
| 17 纺织业 | 0.654 |
| 18 服装及其他纤维制品制造业 | 0.683 |
| 19 皮革、毛皮、羽绒及其制品业 | 1.330 |
| 20 木材加工及竹、藤、棕、草制品业 | 1.179 |
| 21 家具制造业 | 1.289 |
| 22 造纸及纸制品业 | 0.781 |
| 23 印刷业、记录媒介的复制 | 0.943 |
| 24 文教体育用品制造业 | 2.010 |
| 25 石油加工及炼焦业 | 0.396 |
| 26 化学原料及化学制品制造业 | 1.072 |

续表

| 制造业行业分类 | Duration |
|---|---|
| 27 医药制造业 | 0.953 |
| 28 化学纤维制造业 | 1.266 |
| 29 橡胶制品业 | 1.344 |
| 30 塑料制品业 | 1.313 |
| 31 非金属矿物制品业 | 1.278 |
| 32 黑色金属冶炼及压延加工业 | 0.818 |
| 33 有色金属冶炼及压延加工业 | 1.065 |
| 34 金属制品业 | 1.273 |
| 35 普通机械制造业 | 1.086 |
| 36 专用设备制造业 | 0.993 |
| 37 交通运输设备制造业 | 1.059 |
| 39 武器弹药制造业 | 1.061 |
| 40 电气机械及器材制造业 | 1.103 |
| 41 电子及通信设备制造业 | 1.246 |
| 42 仪器仪表及文化、办公用机械制造业 | 1.539 |
| 中高技术产业 | 1.185 |
| 中低技术产业 | 1.051 |

数据来源：根据海关数据库与中国工业企业数据库对接整理所得。

为了刻画出口存续期与企业出口市场多元化之间的关系，本书对出口存续期变量进行了由小至大的排序，并以五分位数将样本分割为五组，分别统计各组中出口存续期与出口市场数目的均值，详见表4－4。我们发现在全样本中，出口存续期与企业出口市场数目之间呈现出明显的正比关系，随着企业出口存续期的增长，出口市场数目也随之上升。此外，我们还按照出口企业贸易类型和企业所有制属性细分了样本，各细分子样本中出口存续期与出口市场数目的正向关系均十分清晰，提示我们出口存续期是促成企业出口市场多元化的重要因素。鉴于出口存续期与出口市场数目之间的正向关系也可能是出于两个变量同时受到与之相关的其他因素（如企业全要素生产率）的影响，要准确地评估出口存续期对企业出口市场多元化水平的作用效果还需构建引入其他关键控制变量的计量模型。

表4－4　出口存续期与出口市场范围

|  | 全样本 | | 一般贸易 | | 加工贸易 | | 混合贸易 | |
|---|---|---|---|---|---|---|---|---|
|  | Duration | Nmarket | Duration | Nmarket | Duration | Nmarket | Duration | Nmarket |
| 1 | 0.034 | 2.382 | 0.039 | 2.961 | 0.026 | 1.628 | 0.038 | 2.696 |
| 2 | 0.297 | 4.360 | 0.291 | 5.308 | 0.295 | 3.236 | 0.301 | 4.067 |
| 3 | 0.673 | 6.645 | 0.675 | 7.133 | 0.672 | 6.338 | 0.672 | 6.430 |
| 4 | 1.429 | 10.765 | 1.427 | 11.031 | 1.435 | 9.020 | 1.429 | 11.214 |
| 5 | 3.080 | 20.046 | 2.927 | 18.376 | 3.068 | 18.24 | 3.164 | 21.532 |
|  | 国有企业 | | 集体企业 | | 私营企业 | | 三资企业 | |
|  | Duration | Nmarket | Duration | Nmarket | Duration | Nmarket | Duration | Nmarket |
| 1 | 0.039 | 3.774 | 0.045 | 3.948 | 0.047 | 4.181 | 0.032 | 2.183 |
| 2 | 0.299 | 7.039 | 0.289 | 7.161 | 0.282 | 8.516 | 0.298 | 3.947 |
| 3 | 0.685 | 10.535 | 0.681 | 10.226 | 0.681 | 11.447 | 0.672 | 6.187 |
| 4 | 1.441 | 14.036 | 1.424 | 14.752 | 1.431 | 15.857 | 1.429 | 10.142 |
| 5 | 3.000 | 23.898 | 3.032 | 24.291 | 3.041 | 24.493 | 3.086 | 19.460 |

数据来源：作者根据海关数据库与中国工业企业数据库对接整理所得。

# 第三节　基准模型构建及回归结果分析

## 一、模型构建与变量选择

为了验证出口存续期对企业出口市场多元化的作用效果，参照既有文献，结合样本数据的可获性，我们将计量模型设定为：

$$Nmarket_{nt} = c + \alpha_1 Duration_{nt} + \alpha_2 Durationsq_{nt} + \alpha_3 X_{nt} + \varepsilon_{nt} \quad (4.2)$$

其中，下标 $t$ 代表年份，$n$ 代表企业，$Nmarket_{nt}$ 是被解释变量——企业的出口市场数目，核心解释变量 $Duration_{nt}$ 为企业出口存续期，$Durationsq_{nt}$ 为企业出口存续期的平方项，以识别是否存在出口存续期与出口市场数目之间的非线性关系，$X_{nt}$ 是其他可能影响企业出口市场数目的控制变量，$\varepsilon_{nt}$ 为误差项。模型 4.2 中我们关注的重点是 $\alpha_1$ 和 $\alpha_2$ 的估计值和显著性。如果 $\alpha_1$ 为正则说明出口存续期越长的企业出口市场多元化水平越高，但当 $\alpha_1$ 显著为正时，若 $\alpha_2$ 的估计值同时显著为负，则表明出口存续期与出口市场数目之间存在"倒U形"关系，此时前者对后者的作用效果取决于出口存续期的样本值与"倒U形"曲线拐点位置的对比关系，即如果出口存续期的取值区间位于"倒U形"曲线的左侧，其对出口市场多元化体现为促进作用，但如果位于右侧，则表现为抑制作用。

其他企业层面的特征变量还包括以下几点：1. 企业全要素生产率（lntfp）。异质性企业理论将企业出口状态视为基于生产率异质性的"自选择"行为，在引入市场异质性出口固定成本后，企业生产率水平将与其出口市场数目成正比（Melitz，2003）。对斯洛文尼亚（Damijian et al.，2004）、爱尔兰（Lawless，2009）和日本（Wakasugi & Tanaka，2009）企业的验证结果也与之相符。2. 企业出口规模（lnexport）。企业出口市场扩张的动力主要源于出口产品分销的压力，出口规模越大的企业进行出口市场扩张的意愿也会越强，本书中企业出口规模用企业出口金额衡量。3. 企业生产规模（lnl）。新贸易理论认为规模较大的企业在规模经济的作用下更容易凭借成本优势实现出口。此外，大规模企业往往兼具技术、资金、人才等优势，以帮助其克服出口市场进入成本及风险等不利因素。本书中企业规模变量沿袭了国际经济学文献常用的方法，用企业平均从业人数表示。4. 企业要素密集度（lnkl）。依据要素禀赋理论，一国在密集使用本国丰裕要素生产的产品上具有比较优势，从传统观点来看，劳动力资源丰裕的中国应在劳动密集型产品的出口上更富有比较优势，企业要素密集度变量的估计系数理应为负。但另一方面，中国的出口产品结构已经发生了由劳动密集型向资本密集型的转化（Rodrik，2006），因此也存在要素密集度系数估计值为正的可能性。企业要素密集度是用企业当年固定资产净值除以年末从业人数来衡量。为了控制企业所有制和贸易类型对其出口市场多元化水平造成的影响，我们还引入了所有制（ownership）和贸易类型（tradetype）虚拟变量。上述变量中，企业全要素生产率、出口规模、生产规模和要素密集度均取自然对数值引入模型估计。鉴于本书样本期内的企业出口市场数目增长具有较强的时间趋势，我们也控制了年度（year）虚拟变量。

**二、数据说明**

本书所使用的样本数据源于 2000—2007 年的两个微观数据库：中

国海关数据库和中国工业企业数据库。两个数据库之间的对接采用了企业名称和年份变量。我们筛选出了 11290 个持续出口企业作为样本企业，样本选择依据为：第一，剔除了纯粹的中间商企业样本，具体做法是将企业名称中含有"贸易""进出口""工贸""经贸""物流"等字段的企业样本予以剔除；第二，Robert 和 Tybout（1997）的研究表明，由于出口沉没成本的存在，企业很少会在出口与非出口之间进行状态转变，因此，如果企业在海关数据库中未被识别为持续出口企业，很大程度上是因为该企业终止经营，或因改组、改制等原因变更企业名称而无法连续识别，为了避免上述因素对统计企业出口存续期造成的干扰，本书的研究仅考虑了持续出口企业。在此基础上，我们还参照 Cai 和 Liu（2009）的方法，按照以下原则剔除了异常值样本：1. 剔除关键指标（总资产、职工人数、工业总产值、固定资产净值、销售额）缺失的样本值；2. 剔除总资产小于流动资产，总资产小于固定资产的样本值；3. 剔除销售额小于 500 万的样本值；4. 剔除员工人数小于 8 的样本值。本书中企业全要素生产率变量的计算使用了 Levinsohn 和 Petrin（2003）提出的 LP 法，计算过程中需要工业增加值、固定资产净值年均余额、企业从业人员平均人数和中间投入合计四个变量值。由于 2000—2004 年工业增加值变量缺失，还需采用聂辉华等（2012）的方法，2000—2003 年使用工业增加值 = 工业总产值 − 工业中间投入 + 增值税进行套算；2004 年由于工业总产值变量缺失，还需采用工业总产值 = 产品销售额 − 期初存货 + 期末存货进行套算。对企业所有制类型和贸易类型的划分依据出自海关数据库。我们将企业所有制类型分为国有企业、集体企业、私营企业和三资企业共四类企业，其中三资企业包括外商独资企业、中外合资企业和中外合作企业。贸易类型企业的划分标准为，仅出口加工贸易产品的企业为加工贸易类，仅出口一般贸易产品的企业为一般贸易类，同时出口加工贸易和一般贸易产品的企业为混合贸易类。具体变量说明和描述性统计见表4-5。

表4-5 变量说明及描述性统计

| 变量名 | 变量说明 | N | 均值 | 标准差 | 最小值 | 最大值 |
|---|---|---|---|---|---|---|
| Nmarket | 企业出口市场数目 | 90320 | 8.84 | 10.80 | 1 | 168 |
| Duration | 企业出口存续期 | 90320 | 1.10 | 1.18 | 0 | 7.34 |
| Durationsq | 企业出口存续期平方项 | 90320 | 2.60 | 4.99 | 0 | 53.93 |
| lntfp | 企业全要素生产率（LP法计算） | 54418 | 7.18 | 1.26 | -1.21 | 14.09 |
| lnexport | 企业出口规模，企业出口金额取自然对数值 | 90320 | 14.33 | 1.76 | 1.79 | 22.13 |
| lnl | 企业生产规模，企业从业人员取自然对数值 | 58751 | 5.49 | 1.15 | 2.08 | 10.92 |
| lnkl | 企业要素密集度，固定资产年平均余额除以企业从业人员后取自然对数值 | 58570 | 3.72 | 1.38 | -6.35 | 9.36 |

*数据来源：作者根据海关数据库和中国工业企业数据库相关变量整理所得。*

### 三、基准回归结果

我们对由11290个持续出口企业，8年样本期构成的面板数据分别进行了OLS、固定效应（FE）和随机效应（RE）分析，F检验表明固定效应模型优于混合效应模型，豪斯曼检验表明固定效应模型优于随机效应模型，鉴于此，下文中仅报告固定效应分析的估计结果，详见表4-6。表4-6中，第（1）～（3）列仅纳入出口存续期的一次项，第（4）～（6）列同时纳入出口存续期的一次项与二次项，以考察是否存在出口存续期与出口市场数目之间的非线性关系。第（2）和（5）列在出口存续期变量的基础上加入了时间固定效应和所有制、贸易类型虚拟变量，第（3）和（6）列还控制了一些可能影响企业出口市场多元化水平的其他变量。由表4-6可见，在不同的回归方案下，出口存续期一次项显著为正，引入二次项的回归系数显著为负，表明出口存续期与企业出口市场数目之间呈"倒U形"关系。由第（6）列的估计结果可知：第一，出口存续期增长1年，企业出口市场数目增加4.94个，证明出口存续期的延续有助于实现企业出口市场多元化；第二，按照伍德里奇（2003）对二次项系数的解释，"倒U形"曲线的拐点位于7.96，而出口存续期的均值仅为1.10，最大值为7.34，意味着我国制造业企业的出口存续期取值区间位于"倒U形"曲线的左侧，"倒U形"曲线右侧所体现的出口存续期对企业出口市场多元化的抑制作用并不具备现实意义，延续企业在出口市场的存续状态是实现企业出口市场多元化的可行路径。

其他控制变量的回归结果与预期基本一致。更高的企业全要素生产率（lntfp），更大的企业出口规模（lnexport）和企业生产规模（lnl）提高了企业出口市场多元化水平。前述有待商榷的企业要素密集度（lnkl）变量系数估计值显著为正，反映了我国产品出口结构已由以劳动密集型为主向以资本密集型为主转变和优化的事实。

表 4-6　基准回归结果

| | (1) FE | (2) FE | (3) FE | (4) FE | (5) FE | (6) FE |
|---|---|---|---|---|---|---|
| Duration | 3.29*** (56.35) | 3.63*** (49.32) | 3.214*** (36.54) | 4.57*** (39.30) | 5.52*** (38.77) | 4.94*** (27.00) |
| Durationsq | | | | -0.29*** (-10.40) | -0.37*** (-12.14) | -0.31*** (-8.51) |
| lnexport | | | 1.62*** (27.50) | | | 1.53*** (26.50) |
| lntfp | | | 0.12*** (3.72) | | | 0.12*** (3.92) |
| lnl | | | 0.59*** (7.05) | | | 0.59*** (7.20) |
| lnkl | | | 0.17*** (5.13) | | | 0.17*** (5.25) |
| ownership | | √ | √ | | √ | √ |
| tradetype | | √ | √ | | √ | √ |
| year | | √ | √ | | √ | √ |
| C | 5.20*** (80.74) | 5.89*** (3.84) | -20.89*** (-10.43) | 4.55*** (62.92) | 5.37*** (3.59) | -20.55*** (-10.39) |
| $R^2$ | 0.2747 | 0.2811 | 0.3288 | 0.2830 | 0.2935 | 0.3379 |
| N | 90320 | 89735 | 54199 | 90320 | 89735 | 54199 |

注：***、**、*分别表示参数估计值在 1%、5%、10% 的统计水平显著，括号内为 T 值。

# 第四节　稳健性检验

## 一、调整间断期后的出口存续期和改变出口市场多元化的定义

Besedeš 和 Prusa（2006a）指出，在企业存在多个贸易时间段（multiple spells）的情况下，如若两个贸易时间段的间隔较短，可能是由于测量错误（measure error），将前一个贸易时间段视为"失败"，这并不一定恰当，宜将两个贸易时间段合并为一个较长的贸易存续期。他们对于间隔期长短的划分标准为 1 年，即当间隔期仅为 1 年时，合并前后两段独立的贸易时间段，如果间隔期大于（等于）2 年，则不予合并。依据该方法，我们计算了调整间断期后的出口存续期，相应的出口存续期平均值由 1. 10 提高至 1. 42。将调整间断期后的出口存续期作为核心解释变量的回归结果详见表 4 - 7 第（1）~（3）列。依据表 4 - 7 第（3）列的估计系数值，出口存续期增长一年，企业出口市场数目提高 3. 29 个，出口存续期的二次项系数显著为负，拐点右移至10. 28。由于调整间断期后计算所得的出口存续期最大值为 7. 65，仍未突破"倒 U 形"曲线的左侧区间，出口存续期对出口市场多元化的促进作用未受出口存续期计算方式的影响。其他控制变量的显著性与方向性与基准回归高度一致。

表4－7　调整间断期和改变出口市场多元化定义的回归结果

|  | 调整间断期的出口存续期 | | | 改变出口市场多元化定义 | | |
|  | (1) FE | (2) FE | (3) FE | (4) FE | (5) FE | (6) FE |
|---|---|---|---|---|---|---|
| Duration | 2.87*** (28.33) | 2.96*** (28.74) | 3.29*** (21.34) | 0.15*** (53.99) | 0.17*** (46.85) | 0.15*** (31.93) |
| Durationsq | -0.059*** (-2.61) | -0.089*** (-3.79) | -0.16*** (-5.54) | -0.02*** (-42.50) | -0.02*** (-40.46) | -0.02*** (-29.57) |
| lnexport |  |  | 1.77*** (27.75) |  |  | 0.019*** (10.77) |
| lntfp |  |  | 0.12*** (3.53) |  |  | -0.0005 (-0.43) |
| lnl |  |  | 0.69*** (8.14) |  |  | 0.001 (0.41) |
| lnkl |  |  | 0.19*** (543) |  |  | 0.0004 (0.35) |
| ownership |  | √ | √ |  | √ | √ |

续表

| | (1) FE | 调整间断期的出口存续期 | | 改变出口市场多元化定义 | | |
| | | (2) FE | (3) FE | (4) FE | (5) FE | (6) FE |
| --- | --- | --- | --- | --- | --- | --- |
| tradetype | | √ | √ | | √ | √ |
| year | | √ | √ | | √ | √ |
| C | 4.98*** (62.36) | 4.09*** (2.60) | -24.12*** (-11.67) | 0.26*** (136.18) | 0.32*** (11.86) | 0.05 (1.28) |
| $R^2$ | 0.1974 | 0.2206 | 0.2859 | 0.1167 | 0.1181 | 0.1123 |
| N | 90320 | 89736 | 54199 | 90320 | 89736 | 54199 |

注：＊＊＊、＊＊、＊分别表示参数估计值在1%、5%、10%的统计水平显著，括号内为T值。

94

进一步地，我们还借鉴了钱学锋和余弋（2014）测度出口市场多元化水平的方法，作为对被解释变量的稳健性检验。该方法以评价市场集中度水平的赫芬达尔－赫尔希曼指数（Herfindahl－Hirschman index，简称 HHI）为基础。由于 HHI 与市场集中度成正比，因此 1－HHI 反映了企业出口市场多元化水平，具体计算公式为：

$$Mardiv = 1 - \sum_{i=1}^{n} S_i^2 \qquad (4.3)$$

其中 $S_i$ 为单个企业—市场对（firm－market pair）的出口金额占该企业出口总金额的比重。以 Mardiv 指标为被解释变量的回归结果见表 4－7 第（4）～（6）列，出口存续期一次项和二次项的稳健性和方向性均未改变，说明即使更改出口市场多元化的定义方式，出口存续期与出口市场多元化之间的"倒 U 形"关系依然成立，出口存续期增长一年，Mardiv 上升 0.15（Mardiv 指标范围为 0～0.97）。需要指出的是，采用 Mardiv 指标后，"倒 U 形"曲线的拐点位于 3.50，接近出口存续期变量第 95 百分位（3.56），因此有约 5% 的企业出口存续期取值位于"倒 U 形"曲线的右侧，但并不能简单地认为这部分企业的出口市场多元化水平受到出口存续期的抑制。Mardiv 指标既与出口市场数目有关，也受到企业在各个市场出口金额分布的影响。负向效应的出现可能是因为不同出口市场的经济容量、消费能力差异较大，对于出口市场数目较多的企业，保持各个市场间出口规模的均衡性本身就很困难。事实上，这也是我们未将该指标作为测度出口市场多元化水平首选项的原因。生产率、生产规模和要素密集度变量不再显著可能也与此有关。

## 二、考虑双向因果关系

在上述考察中，我们将出口存续期视为外生变量，然而 Volpe Martincus 和 Carballo（2009）的研究表明，地理多元化（出口市场数目）降低了企业退出国际市场的概率，这种反向因果关系的存在导致出口存续期变量可能具有内生性。具体而言，Volpe Martincus 和 Carballo（2009）认为：第一，企业出口市场分布越广，其出口稳定性越强，持续出口的可能性越大；第二，将异质性企业理论扩展到多市场框架后，增加一个出口市场就需要支付额外的进入沉没成本，意味着多元市场出口企业必然具备了更高的生产率，有助于其抵抗出口市场风险并降低市场退出概率。采用 Davidson R 和 MacKinnon（1993）检验的结果也表明出口存续期为内生变量。为了纠正内生性可能带来的估计偏误，我们采用滞后一阶变量，以及滞后一阶和滞后二阶变量分别作为工具变量，进行面板 2SLS 估计，结果如表 4-8 所示。从滞后项的估计结果，滞后一阶和滞后二阶分别作为工具变量的回归结果来看，出口存续期提高企业出口市场多元化水平的结论与此前一致。由表 4-8 第（3）（6）（9）列出口存续期一次项回归系数可知，出口存续期提高一年，企业出口市场数目分别增加 2.43、3.42 和 2.49 个，结合出口存续期二次项回归系数计算可得"倒 U 形"曲线拐点分别位于 7.60、7.46 和 6.26，超过相应滞后期出口存续期变量的最大值（滞后一阶最大值为 6.57，滞后二阶最大值为 5.64），同样说明我国制造业企业的出口存续期取值区间并未超越"倒 U 形"曲线的左侧。值得注意的是，在考虑到双向因果关系导致的内生性问题后，出口存续期对出口市场扩张的促进作用有所减弱，但正向因果关系依然稳健。

表4-8　考虑双向因果关系的回归结果

| | (1) FE | (2) FE | (3) FE | (4) 2SLS | (5) 2SLS | (6) 2SLS | (7) 2SLS | (8) 2SLS | (9) 2SLS |
|---|---|---|---|---|---|---|---|---|---|
| | | 滞后变量 | | | 滞后一阶为工具变量 | | | 滞后二阶为工具变量 | |
| Duration | 3.52*** (28.44) | 3.25*** (22.33) | 2.43*** (14.76) | 4.19*** (28.55) | 4.25*** (22.97) | 3.42*** (15.25) | 4.14*** (20.20) | 3.10*** (9.99) | 2.49*** (6.81) |
| Durationsq | -0.31*** (-9.51) | -0.26*** (-7.36) | -0.16*** (-4.01) | -0.32*** (-10.31) | -0.31*** (-9.06) | -0.23*** (-5.62) | -0.38*** (-10.00) | -0.27*** (-5.76) | -0.1987*** (-3.81) |
| lnexport | | | 1.93*** (28.86) | | | 1.69*** (27.33) | | | 1.80*** (24.52) |
| lntfp | | | 0.14*** (3.99) | | | 0.14*** (4.31) | | | 0.14*** (4.17) |
| lnl | | | 0.81*** (9.21) | | | 0.74*** (8.76) | | | 0.82*** (8.91) |
| lnkl | | | 0.25*** (6.85) | | | 0.22*** (6.59) | | | 0.20*** (5.95) |
| ownership | | √ | √ | | √ | √ | | √ | √ |

续表

| | (1) FE | (2) FE | (3) FE | (4) 2SLS | (5) 2SLS | (6) 2SLS | (7) 2SLS | (8) 2SLS | (9) 2SLS |
|---|---|---|---|---|---|---|---|---|---|
| | | 滞后变量 | | 滞后一阶为工具变量 | | | 滞后二阶为工具变量 | | |
| tradetype | | √ | √ | | √ | √ | | √ | √ |
| year | | √ | √ | | √ | √ | | √ | √ |
| C | 6.36*** (92.88) | 7.27*** (4.48) | -26.03*** (-11.95) | -26.03*** (-12.11) | 5.90*** (3.84) | -23.21*** (-11.32) | 5.33*** (33.50) | 6.69*** (3.89) | -24.44*** (-10.75) |
| R2 | 0.1774 | 0.1384 | 0.2441 | 0.2532 | 0.2584 | 0.3244 | 0.2140 | 0.1945 | 0.2713 |
| N | 79030 | 78764 | 54199 | 79030 | 78764 | 54199 | 67740 | 67475 | 47524 |

注：***、**、*分别表示参数估计值在1%、5%、10%的统计水平显著，括号内为T值。

### 三、采用广义倾向得分匹配法的估计结果

出口存续期长度不同的企业，其初始条件也可能不同，如生产率较高的出口企业具有更强的抗风险能力，规模较大的出口企业受到较低的融资约束，这些因素提高了企业在出口市场的存续状态，使得上述回归也可能存在样本选择偏误。倾向得分匹配法能够尽可能地挑选相似的个体进行干预组与对照组之间的比较，通过消除协变量之间的差异，纠正样本选择偏误带来的内生性问题。在传统倾向得分匹配法的基础上，Hirano 和 Imbens（2004）进行了扩展，提出了广义倾向得分匹配法（generalized propensity score matching method），突破了处理变量为二元选择变量的限定，解决了连续性处理变量的反事实估计问题。广义倾向得分匹配法的实现过程包括三个步骤：第一步，估计处理变量（出口存续期）的广义倾向匹配得分（pscore），我们选取了上文中决定出口市场数目的控制变量，以及员工工资、企业年龄等变量作为匹配变量；第二步，采用处理变量（出口存续期）和上一步中得出的广义倾向匹配得分，通过 OLS 法估计结果变量（出口市场数目）的条件期望；第三步，将处理变量（出口存续期）的取值范围划分为多个区间，在不同出口存续期水平下估计出口存续期对企业出口市场数目的因果效应。我们报告了剂量响应函数和处理效应函数的估计图，详见图 4-1。

剂量响应函数估计图表明出口存续期与企业出口市场数目之间构成一条向右上方倾斜，且斜率绝对值不断上升的曲线，两者之间存在显著的正向关系。处理效应函数估计图显示，在出口存续期变量的取值范围内，处理效应估计值始终为正，意味着出口存续期与企业出口市场数目之间具有正向因果关系，并且其作用效果随出口存续期的增加而不断强

剂量响应函数　　　　　　　　　处理效应函数

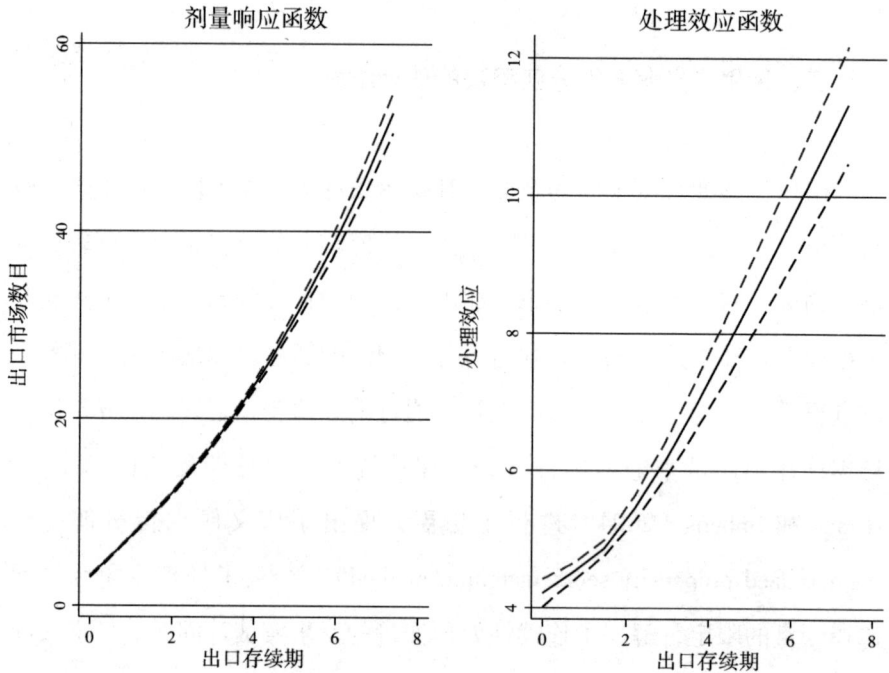

**图 4-1　不同出口存续期水平下的剂量响应函数和处理效应函数估计图**

化。总体而言，固定效应模型的估计结果与广义倾向得分匹配法的估计结果均验证了出口存续期对企业出口市场多元化的正向促进作用，但两者对其作用效果随出口存续期增长的变化趋势有所分歧，前者因"倒 U 形"曲线表现为逐渐弱化，而在后者中则是不断强化。

# 第五节　本章小结

　　本章在梳理出口存续期对企业出口市场多元化作用机制的基础上，采用 2000—2007 年中国工业企业数据库与中国海关数据库匹配所得的

11290 个持续出口企业面板数据，探讨了出口存续期对企业出口市场多元化的作用效果。首先，我们依据 Besedeš 和 Prusa（2006a，2006b）的方法，基于出口市场 GDP 值加权平均计算了企业层面的出口存续期，汇总了出口存续期的年度和行业特征，揭示了出口存续期与出口市场数目之间呈正向关系的典型化事实。其次，通过固定效应模型基准回归，我们发现出口存续期与出口市场数目之间存在"倒 U 形"关系，由于样本企业出口存续期取值区间位于"倒 U 形"曲线的左侧，验证了出口存续期对出口市场多元化的促进作用。此外，企业生产率、企业出口规模、企业生产规模和企业要素密集度均提升了企业出口市场多元化水平。最后，为了保证研究结论的稳健性，我们改变了出口存续期的计算方式以及出口市场多元化的定义方式，采取滞后变量和工具变量法缓解双向因果关系带来的内生性问题，并应用广义倾向得分匹配法缓解了样本选择偏误带来的内生性问题。在上述稳健性检验中，出口存续期对出口市场多元化的促进作用均不受影响。

本书的政策含义在于：既然维持企业在出口市场的存续状态是实现出口市场多元化的有效途径，那么帮助企业抵御各类海外市场风险的政策措施不仅会在集约边际上发挥作用，还为扩展边际的扩张提供了条件，能在更大程度上促成出口增长；反之，如若企业因风险冲击而被迫退出海外市场，可能也意味着失去了未来进入更多出口市场的机会。因此，一方面我国出口企业需要继续提升外贸风险防范意识和技巧，增强自身的抗风险能力；另一方面，贸易主管部门要在风险监测与预警、信息收集与发布、授予出口融资便利等方面提供公共服务，防止企业被动退出既有出口市场，丧失"学习出口"与积累出口经验的机会。

# 第五章

# 出口存续期与企业出口市场决策

## ——影响机制

Melitz（2003）在已有文献中发现，企业表现出的巨大差异与企业进入国际交易的决策具有强烈的相关性，只有一小部分企业存在这种行为，并且与同部门中那些没有参与国际联系的企业相比，这些企业生产能力更高，规模更大。然而这一现象却是传统模型中的代表性企业无法解释的。Melitz 引用了 Hopenhayn（1992）对企业生产率的处理方法解释同一产业内异质性企业的内生选择。Hopenhayn 仅考虑了竞争性企业，而 Melitz 则将其纳入了一般均衡框架下的垄断竞争模型之中，从而进一步扩展了 Krugman（1980）的贸易模型。Melitz 说明了开展贸易将如何引起生产率更高的企业进入出口市场，而一些生产率较低的企业只能为本国市场服务，生产率最低的企业则退出市场。Melitz（2003）模型为解释企业出口状态的自选择过程提供了理论基石，本章将基于新新贸易理论的基本框架，在 Melitz（2003）模型基础上引入市场特定的出口固定成本，阐释出口存续期对企业出口市场决策的影响机制。

# 第一节　企业出口市场决策的基础理论

Melitz（2003）模型引入了企业出口固定成本，并说明了企业出口决策是基于其异质性生产率的自选择过程，为本书的理论机制说明奠定了基础。作为本书理论模型的基本框架，本节首先将简要回顾 Melitz（2003）模型中与本书相关的企业出口决策部分的基本思想。

## 一、模型设定

代表性消费者的偏好由 CES 效用函数给出：

$$U = \left[ \int_{\omega \in \Omega} q\,(\omega)^{\rho} d\omega \right]^{1/\rho} \tag{5.1}$$

其中，$\Omega$ 是所有可消费商品的全集，任意两种商品之间的替代弹性 $\sigma = \dfrac{1}{1-\rho} > 1$。一系列消费品的总价格定义为 $P = \left[ \int_{\omega \in \Omega} p\,(\omega)^{1-\sigma} d\omega \right]^{\frac{1}{1-\sigma}}$，每种消费品的消费量为 $q(\omega) = Q \left( \dfrac{p(\omega)}{P} \right)^{-\sigma}$，每种消费品的支出为 $r(\omega) = R \left( \dfrac{p(\omega)}{P} \right)^{1-\sigma}$，其中，$R = \int_{\omega \in \Omega} r(\omega) d\omega$。

每个企业生产一种差异化的产品种类，生产过程中仅使用单一要素劳动，生产函数为：

$$l = f + \frac{q}{\varphi} \tag{5.2}$$

其中 $f$ 是所有企业同质的生产固定成本，$\varphi$ 是异质性的生产率水平，生产率越高，单位可变成本越低。当工资标准化为 1 时，产品的加成定

价为 $p(\varphi) = \dfrac{1}{\rho\varphi}$ 。企业收入和企业利润水平分别表示为：

$$r(\varphi) = R\,(P\rho\varphi)^{\sigma-1} \tag{5.3}$$

$$\pi(\varphi) = r(\varphi) - l(\varphi) = \frac{r(\varphi)}{\sigma} - f = \frac{R}{\sigma}(P\rho\varphi)^{\sigma-1} - f \tag{5.4}$$

### 二、封闭条件下的零利润条件

行业具有大量的潜在进入企业，需要支付固定进入成本 $fe > 0$ ，因此也是沉没成本。进入行业后，企业从一个共同的分布函数 $g(\varphi)$ 中获取初始的生产率参数 $\varphi$ ，$g(\varphi)$ 在 $(0,\infty)$ 的区间上服从连续累计分布函数 $G(\varphi)$ 。企业开始生产后，每一期均面临一个不变的外生概率 $\delta$ ，因遭受负面冲击而退出市场。由于企业生产率不随时间变动，其每期的利润水平也保持不变。如果企业进入行业后的生产率水平使其利润为负，则会立即退出，否则会持续生产直至因负面冲击而被迫退出。在不考虑时间价值的情况下，企业价值函数为：

$$v(\varphi) = \max\Big\{0, \sum_{t=0}^{\infty}(1-\delta)^{t}\pi(\varphi)\Big\} = \max\Big\{0, \frac{1}{\delta}\pi(\varphi)\Big\} \tag{5.5}$$

因此，$\varphi* = \inf\{\varphi : v(\varphi) > 0\}$ 为生产企业的生产率水平下限。$\pi(0) = -f$ 为负值，$\pi(\varphi*)$ 必须等于 0 ，此为零利率条件。

### 三、开放条件下的零利润条件

Melitz（2003）假定全世界由众多相同国家构成，即确立了一个代表性国家的研究框架，以保证要素价格的均等性。出口企业进入任一出口市场都需要支付一笔固定成本 $fex$ ，用于信息搜寻与传递、建立分销渠道和产品适应性改造等。出口可变成本采用冰山成本形式，即运出 $\tau$ > 1 单位的商品，仅有 1 单位商品抵达出口目的地。此时，出口企业在国内市场和出口市场的定价原则分别为：

$$pd(\varphi) = \frac{1}{\rho\varphi} \quad \text{和} \quad px(\varphi) = \tau pd(\varphi) = \frac{\tau}{\rho\varphi} \tag{5.6}$$

相应的收入水平为：

$$rd(\varphi) = R(P\rho\varphi)^{\sigma-1} \quad \text{和} \quad rx(\varphi) = \tau^{1-\sigma}rd(\varphi) = \tau^{1-\sigma}R(P\rho\varphi)^{\sigma-1} \tag{5.7}$$

企业进入出口市场的固定成本 $fex$ 平摊分期支付，每期的支付额为 $fx = \delta fex$。

则出口企业在国内市场和单个国外市场的每期利润分别为：

$$\pi d(\varphi) = \frac{rd(\varphi)}{\sigma} - f \quad \text{和} \quad \pi x(\varphi) = \frac{rx(\varphi)}{\sigma} - fx \tag{5.8}$$

如前所述，企业价值是其利润流的现值，$v(\varphi) = \max\left\{0, \frac{1}{\delta}\pi(\varphi)\right\}$，且 $\varphi* = \inf\{\varphi : v(\varphi) > 0\}$ 仍是识别企业成功进入行业的生产率门槛值条件。

对于出口企业，$\varphi x* = \inf\{\varphi : \varphi > \varphi* \text{ 并且 } \pi x(\varphi) > 0\}$ 是其生产率门槛值。如果 $\varphi x* = \varphi*$，行业内的所有企业均会出口；如果 $\varphi x* > \varphi*$，生产率水平高于 $\varphi x*$ 的企业将同时在国内和国外市场销售；而生产率水平界于 $\varphi*$ 与 $\varphi x*$ 之间的企业仅在国内市场销售。企业生产与出口状态的分化见图 5-1。

值得注意的是，出口固定成本对企业出口状态的自选择过程十分重要，企业出口状态的分化只有当 $\tau^{\sigma-1}f_x > f$ 时才会发生。在没有出口固定（沉没）成本的情况下，仅存在出口可变成本并不足以引起企业出口状态的分化，而即使不存在出口可变成本，只要出口固定成本 $f_x > f$，也会引致企业出口状态的分化。

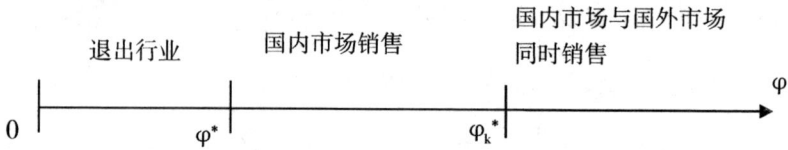

图 5 - 1　Melitz 模型的企业生产与出口状态分化

# 第二节　出口存续期对企业出口市场
## 决策的影响机制

在 Melitz（2003）模型中，由于各个出口市场的对称性假设，企业对各国的出口成本是相同的，企业或者不出口，或者向所有出口市场同时出口，企业只存在出口状态的差异，而没有出口市场的区别。反观现实，企业—出口市场对中大量存在的零值贸易却是不争的事实。弥合理论与现实差距的突破口是承认不同市场出口固定成本的异质性。出口固定成本虽由 Melitz（2003）系统分析，但作为一种影响企业出口行为的关键因素，学者对其早有论述。Venables（1994）提出如果企业要出口，在支付生产的固定成本之余，还会产生额外的出口固定成本，包括建立国外分销渠道、适应国外标准、获取国外认证等费用。从具体内容来看，Roberts 和 Tybout（1997）认为出口固定成本包括了产品质量升级、国外分销渠道建立、需求信息的积累等成本。Latouche（2010）定义的企业出口固定成本包括了解国外市场信息、建立新的分销渠道、跨境标准的产品适应性改造等费用。Castillo 和 Silvente（2011）则认为出口固定成本最重要的组成部分是与国外市场有关的信息搜寻成本。概括而言，出口固定成本一般包括了非关税贸易壁垒、市场调查、构建国外配送网络、商务谈判及人员往来、适应国外标准等方面的投资和费用（张凤和孔庆峰，2013）。可见，出口固定成本的组成内容与特定市场具有高度相关性，承认不同出口市场差异性的出口固定成本是更为符合现实的假设前提。

本书以 Melitz（2003）分析框架为基础，构建了一个考虑企业生产率异质性，需要支付市场特定出口固定（沉没）成本的垄断竞争模型，在解释出口存续期对企业出口市场决策影响机制的同时，也为解答出口市场等级制度为何失效提供了思路。由于实证部分仅采用了中国的出口数据，因此模型中仅设定一个出口母国市场。

假定出口国生产一种差异化的产品，国外市场 $j$ 在 $t$ 期的效用函数采取 CES 函数形式：

$$U_{jt} = \Big[ \int_{k \in \Omega} x_{jt}(k)^{\frac{\sigma-1}{\sigma}} dk \Big]^{\frac{\sigma}{\sigma-1}} \tag{5.9}$$

其中，$\Omega$ 是消费者可以消费的所有产品种类集合，$x_{jt}$ 是 $t$ 期产品 $k$ 在出口市场国 $j$ 的消费量。$\sigma > 1$ 代表任意两种产品种类之间的常替代弹性，则出口市场国 $j$ 在 $t$ 期对产品 $k$ 的消费函数为：

$$x_{jt}(k) = \frac{p_{jt}(k)^{-\sigma} Y_{jt}}{P_{jt}^{1-\sigma}} \tag{5.10}$$

$p_{jt}(k)$ 是 $t$ 期产品 $k$ 在出口市场国 $j$ 的销售价格，$Y_{jt}$ 是 $t$ 期出口市场国 $j$ 的实际收入，$P_{jt}$ 是 $t$ 期出口市场国 $j$ 的总价格指数，其 Dixit – Stiglitz 价格指数定义为：

$$P_{jt} = \Big[ \int_{k \in \Omega} p_{jt}(k)^{1-\sigma} dk \Big]^{\frac{1}{1-\sigma}} \tag{5.11}$$

出口母国生产一种差异化的产品种类，单个企业只提供一种特定产品。生产过程中的可变成本为 $\dfrac{c}{\alpha}$，$c$ 取决于出口国的成本水平，$\alpha$ 是企业特定的生产率参数，服从帕累托分布 $G(\alpha)$，且不随时间变动。企业需要支付两类出口成本：出口可变成本和出口固定成本。出口可变成本以冰山成本 $\tau_{jt} > 1$ 的形式引入模型，$\tau_{jt}$ 单位的产品运输到出口市场国 $j$ 后仅有 1 单位产品被消费掉，主要包括关税和运输成本。企业进入新的出口市场需要支付与市场相关的出口固定成本 $F_{jt}$，包括在出口市场开展市场营销、建立分销渠道、办理出口行政手续、为适应消费者需求和政府规制而做出商品适应性改造等费用。在上述假定下，$t$ 期产品 $k$ 在出口市场国 $j$ 的最优销售价格为：

$$p_{jt}(\alpha) = \frac{\sigma}{\sigma - 1} \frac{\tau_{jt} c}{\alpha} \qquad (5.12)$$

同时，由公式（5.8）可得到 $t$ 期产品 $k$ 在出口市场国 $j$ 的利润水平为：

$$\pi_{jt}(\alpha) = \mu \left( \frac{P_{jt}\alpha}{\tau_{jt} c} \right)^{\sigma - 1} Y_{jt} - F_{jt} \qquad (5.13)$$

其中，$\mu = (\sigma - 1)^{\sigma - 1} \sigma^{-\sigma}$。由公式（5.13）可推导出企业进入出口市场国 $j$ 的零利润生产率门槛值为：

$$\overline{\alpha}_{jt} = \left( \frac{F_{jt}}{\mu Y_{jt}} \right)^{\frac{1}{\sigma - 1}} \frac{\tau_{jt} c}{P_{jt}} \qquad (5.14)$$

根据公式（5.14），在其他条件不变的情况下，考虑不同水平出口固定成本 $F_{jt}$ 对企业出口状态的影响。由于 $\overline{\alpha}_{jt}$ 和 $F_{jt}$ 呈正相关关系，企业要克服的出口固定成本越大，对生产率水平的要求就越高。同时，对于每个出口目标国，当企业的生产率水平高于目标市场的零利润生产率门槛值时，企业才会进入该出口市场。在此基础上，企业生产率水平 $\alpha$ 与目标市场零利润生产率门槛值 $\overline{\alpha}_{jt}$ 的对比关系，决定了企业的出口市场数目。

$$Nmarket_{jt} = \sum_{j=1}^{n} export(\overline{\alpha}_{jt}) \begin{cases} 完全出口\ if\forall j \in [1,2,3,\cdots\cdots,n]\alpha \geq \overline{\alpha}_{jt} \\ 部分出口\ if\forall \gamma \in [1,2,3,\cdots\cdots,n]\alpha \geq \alpha\ \overline{\alpha}_{\gamma t} \\ \quad 且\ if\forall \delta \in [1,2,3,\cdots\cdots,n]\alpha < \overline{\alpha}_{\delta t} \\ 完全不出口\ if\forall j \in [1,2,3,\cdots\cdots,n]\alpha < \overline{\alpha}_{jt} \end{cases}$$

$$(5.15)$$

其中，$export(\overline{\alpha}_{jt})$ 是企业对出口市场国 $j$ 的出口状态，且 $export(\overline{\alpha}_{jt})$ 取决于企业自身的生产率水平 $\alpha$ 与目标市场零利润生产率门槛值 $\overline{\alpha}_{jt}$ 的对比关系，当 $\alpha \geq \overline{\alpha}_{jt}$ 时，$export(\overline{\alpha}_{jt}) = 1$，企业进入目标市场，反之则 $export(\overline{\alpha}_{jt}) = 0$。

进一步设定企业进入出口市场国 $j$ 的出口固定成本为：

$$F_{jt} = F(Dt, S_{jt}) \qquad (5.16)$$

其中，$D_t$ 是企业出口存续期，$S_{jt}$ 是出口市场国 $j$ 的经济规模，且 $S_{jt} = \theta P_{jt} Y_{jt}$。出口市场国 $j$ 的经济规模 $S_{jt}$ 反映了该出口市场的需求强度。在企业出口存续期为零的情况下：

$$F(0, Sjt) = \varphi + vS_{jt} = \varphi + v\theta P_{jt} Y_{jt} \qquad (5.17)$$

公式（5.17）表明进入出口市场国 $j$ 的出口固定成本由两部分构成，一是与出口市场规模无关的 $\varphi$ 部分，如了解国外市场信息、产品的适应性改造、办理行政手续等费用。另一部分 $v\theta P_{jt} Y_{jt}$ 则与出口市场规模成正比，如建立分销渠道、开展广告宣传等市场营销费用。

$$F(D_t, S_{jt}) = \frac{\varphi + v\theta P_{jt} Y_{jt}}{D_t + 1} \qquad (5.18)$$

公式（5.18）表明进入出口市场国 $j$ 的出口固定成本与企业出口存续期成反比关系，即出口存续期越长的企业进入新出口市场的出口固定成本越低。出口存续期对出口固定成本的削减机制源于管理学中的"干中学"（Learning by doing）思想。Wright（1936）在飞机制造成本的研究中首次发现了"干中学"效应的存在，揭示了前期经济活动积累与成本削减之间的正向关联。Hirsch（1952）、Alchian（1963）随后对上述关系做出了进一步的阐释。Arrow（1962）、Sheshinski（1967）运用"干中学"解释经济增长的动力，认为生产和投资活动中的学习和经验积累推动了技术进步，由此确立了"干中学"在发展经济学中的重要地位。无独有偶，"干中学"在国际贸易领域的应用也催生出有关"学习出口"（Learning to export）效应的研究（Özler et al.，2009；Sheard，2014；Schmeiser，2012），企业在当前的出口市场学习如何出口，积累出口经验，并通过降低潜在出口市场固定进入成本的方式，作用于企业出口市场的扩张模式。Kneller 和 Pisu（2006，2007）在英国企业样本中识别到直接出口经验与特定市场出口固定成本之间的显著负相关关系，并认为"学习出口"效应能够帮助企业降低贸易成本，克服出口障碍。

企业的出口参与决策是动态的，并且由出口经验的积累所驱动（Schmeiser，2012）。"干中学"效应的本意是强调"累积"和"不断重复"地进行经济活动所产生的动态收益。因此，出口存续期是产生"学习出口"效应最适宜的出口经验获取渠道，也是量化出口经验最为直接和恰当的变量，符合出口经验不仅要能够区分出口与非出口，还要区分不同的出口历史，反映"出口状态持续性"（Özler et al.，2009）的要求。事实上，作为出口经验的积累载体，出口存续期对出口固定成本的削减效果在 Rakhman（2011）、陈勇兵等（2014）、林常青和许和连（2017）的研究中也已经得到了实证检验。

为了考察出口存续期对企业出口市场决策的影响机制，我们将

（5.18）代入（5.14），得到：

$$\overline{\alpha}_{jt} = \left( \frac{\dfrac{\varphi + v\theta P_{jt}Y_{jt}}{D_t + 1}}{\mu Y_{jt}} \right)^{\frac{1}{\sigma-1}} \frac{\tau_{jtc}}{P_{jt}} = \left( \frac{\varphi + v\theta P_{jt}Y_{jt}}{(D_t + 1)\mu Y_{jt}} \right)^{\frac{1}{\sigma-1}} \frac{\tau_{jtc}}{P_{jt}} \qquad (5.19)$$

将（5.19）中的 $\overline{\alpha}_{jt}$ 对 $D_t$ 求偏导：

$$\frac{\partial \overline{\alpha}_{jt}}{\partial Dt} = \frac{1}{1-\sigma} \frac{\tau_{jtc}}{P_{jt}} \frac{\varphi + v\theta P_{jt}Y_{jt}}{\mu Y_{jt}} \left( \frac{\varphi + v\theta P_{jt}Y_{jt}}{(Dt+1)\mu Y_{jt}} \right)^{\frac{2-\sigma}{\sigma-1}} (D_t + 1)^{-2}$$

$$= \frac{1}{1-\sigma} \frac{\tau_{jtc}}{P_{jt}} \left( \frac{\varphi + v\theta P_{jt}Y_{jt}}{\mu Y_{jt}} \right)^{\frac{1}{\sigma-1}} (D_t + 1) \frac{-\sigma}{\sigma-1} < 0 \qquad (5.20)$$

可知，企业进入出口市场国 $j$ 的零利润生产率门槛值因出口存续期的延长得以降低，提高了企业进入新出口市场的可能性。在"学习出口"效应的作用下，市场特定的出口固定成本与企业出口经验形成关联，由仅取决于出口市场异质性的外生变量转变为企业—出口市场对联合特征效应的内生变量。

在此框架下，我们可以理解出口市场等级制度为何失效，换言之，为什么有的企业没有按照相同的市场扩张顺序，优先进入贸易障碍低的国家，反而选择了率先开辟看似"力所不能及"的出口市场。出口市场等级制度只是简单比较了企业异质性生产率与外生出口市场特征所决定的零利润生产率门槛值，然而同一出口市场的进入壁垒对不同的企业并非意味着相同的难度，各个出口企业因出口存续期的不同，其进入目标出口市场的出口固定成本也有所差异，那些被视为企业"力所不能及"的出口市场因固定成本的削减也有了实现的可能，出口存续期越长的企业进入潜在出口市场的可能性越大。正如 Schmeiser（2012）所指出的，对于出口固定成本较高的市场，企业由于无法盈利会在初期选择放弃，但随着出口经验积累，出口固定成本得到削减，企业最终将在这些市场实现盈利。由于出口存续期越长的企业能够在更多的出口市场中盈利，因此其出口市场多元化程度也能得到相应的提升。

进一步地，本书还考察了出口存续期对市场特定出口固定成本的削减效果有何变动趋势，将 $\overline{\alpha}_{jt}$ 对 $Dt$ 求二阶偏导：

$$\frac{\partial^2 \overline{\alpha}_{jt}}{\partial Dt^2} = \frac{\sigma}{(\sigma-1)^2} \frac{\tau_{jtc}}{P_{jt}} \left( \frac{\varphi + v\theta P_{jt}Y_{jt}}{\mu Y_{jt}} \right)^{\frac{1}{\sigma-1}} (Dt+1)^{\frac{1-2\sigma}{\sigma-1}} > 0 \quad (5.21)$$

公式（5.21）表明出口存续期对市场特定出口固定成本的削减效果随着企业出口存续期的增加而不断减弱。

图 5-2 说明了出口存续期如何降低目标出口市场的零利润生产率门槛值。由公式（5.13）可得：

$$\pi_{jt}(\alpha) = \mu P_{jt}^{\sigma-1} \tau^{1-\sigma} c^{1-\sigma} Y_{jt} \alpha^{\sigma-1} - F_{jt} \quad (5.22)$$

令 $\beta = \mu P_{jt}^{\sigma-1} \tau^{1-\sigma} c^{1-\sigma} Y_{jt}$，则 $\pi_{jt}(\alpha) = \beta\alpha^{\sigma-1} - F_{jt}$，$\pi_{jt}(\alpha)$ 为斜率为 $\beta$ 的直线，且其横截距为出口市场零利润生产率门槛值的 $\sigma-1$ 次方。设定 $D_{t'} > D_t$，则 $F_{jt}(D_{t'}, S_{jt}) < F_{jt}(D_t, S_{jt})$，使得 $\pi jt(\alpha)$ 向左上方移动，得到更低水平的市场进入零利润生产率门槛值。

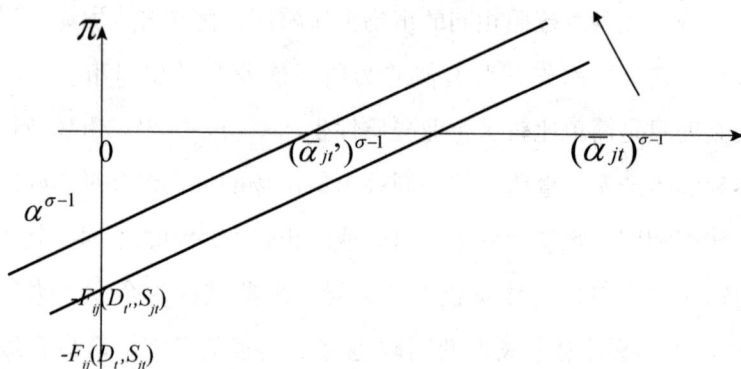

图 5-2　出口存续期对目标出口市场零利润生产率门槛值的影响机制

需要指出的是，出口存续期对市场特定出口固定成本的削减机制并不会对已出口企业的出口规模产生影响。已出口企业在出口市场国 $j$ 的出口规模为：

$$sale_{jt}(k) = p_{jt}(k)x_{jt}(k) = p_{jt}(k)\frac{p_{jt}(k)^{-\sigma}Y_{jt}}{P_{jt}^{1-\sigma}} = \left(\frac{p_{jt}(k)}{P_{jt}}\right)^{1-\sigma}Y_{jt}$$

$$(5.23)$$

将（5.12）代入（5.23）得到：

$$sale_{jt}(k) = \left(\frac{\sigma-1}{\sigma}\frac{P_{jt}\alpha}{\tau_{jt}c}\right)^{\sigma-1}Y_{jt} \qquad (5.24)$$

可知已出口企业在出口市场国 $j$ 的出口规模与企业生产率水平、出口市场国 $j$ 的实际收入和价格水平成正比，与出口可变成本成反比，一旦企业已经对出口市场国 $j$ 出口，出口固定成本不会对其出口规模产生影响。

第六章

# 出口存续期与潜在市场进入

——产品层面的机制验证

在次贷危机和欧债危机的双重打击下，全球经济增长持续低迷，不稳定和不均衡因素凸显，世界经济的实质性复苏仍是一条漫长之路。中国作为全球第一货物贸易出口国，囿于世界贸易增长乏力的大背景，也深受影响。2012—2014 年，中国货物出口年均增速仅为 7.26%，远低于 2001—2008 年的 24.74% 和 2010—2011 年的 25.81%，并在 2015 年出现了 2010 年以来的首次出口负增长（张二震和张晓磊，2017）。在此背景下，保持中国对外贸易的平稳增长，继续拓展外向型经济发展的新空间，不断开拓潜在产品出口目的地，深化出口市场多元化战略，具有了更为现实的意义。根据本书的测算，在由 4356 个制造业产品，189 个国家组成的 823284 个产品—市场对中，经过 1996—1999 年的基期筛选，2000 年共识别出 629120 个潜在出口关系，截至 2016 年，仍有约 49% 的潜在出口关系尚未实现，这些潜在贸易关系为中国未来的出口增长预留了巨大的拓展空间。那么，如何才能助推中国产品开拓出口市场，扩张贸易增长的地理空间呢？本章将基于中国产品出口数据，对出口存续期促进中国制造业产品进入潜在出口市场的作用机制进行实证研究，以期找到实现中国制造业出口市场多元化的现实路径。

# 第一节 引言及文献回顾

中国出口市场多元化战略的实施始于 20 世纪 80 年代，实施这一战略的初衷是要规避西方发达国家对我国贸易与经济的制裁，弱化对少数发达经济体的过度依赖（杨长湧，2010）。此后，每当遭遇外部需求冲击，引发出口下滑和波动，我国政府都会进一步强调出口市场多元化的重要性。次贷危机爆发之后，2009 年和 2010 年的《政府工作报告》连续要求"巩固传统出口市场，大力开拓新兴市场"。"十二五"规划（2011—2015 年），2012 年和 2013 年《政府工作报告》以及"十三五"规划（2016—2020 年）均对出口市场多元化战略做出了明确表述，然而遗憾的是，三十余年来，其总体实施效果仍不尽如人意（马相东和王跃生，2017）。

出口市场多元化战略的实现是潜在出口市场不断得以开拓的动态过程，因此，研究潜在出口市场开拓的决定和影响因素是破解出口市场多元化战略的关键环节。在企业生产率、市场份额、企业规模等众多影响因素之外，出口经验的重要性已经引起了学者越来越多的关注（Roberts 和 Tybout，1997；Özler et al.，2009；Álvarez et al. 2013；Wang & Zhao，2013）。出口经验削减出口固定成本，并进而影响企业出口市场的选择行为是通过"学习出口"（Learning to export）效应实现的。"学习出口"效应[1]是管理学中"干中学"思想在国际贸易领域的应用，讨论了出口经验对出口市场固定进入成本的削减作用。但由于出口市场

---

[1] 以区别于研究出口经验与生产率关系的"出口学习"（Learning by export）效应。

的固定进入成本难以直接量化，"学习出口"效应的作用效果在实证层面由对出口市场进入决策的影响而间接识别。鉴于 Melitz（2003）模型揭示了出口市场固定进入成本与市场零利润生产率门槛值的反比关系，也就是说，如果出口经验确实促进了企业进入出口市场，就意味着出口市场固定进入成本得到削减。

企业出口经验不仅有利于其自身的出口市场扩张，通过信息溢出，也对其他企业的出口行为产生影响，即企业的出口经验具有外部性特征（Álvarez，2013）。信息外溢的渠道包括从最先出口者扩散到其他出口企业（Hausmann & Rodrik，2003），基于种族联系的企业社会网络（Agosin & Bravo‑Ortega，2009），地理集聚（Aitken et al. 1997；Koenig，2010），或者行业关联（Krautheim，2012）。

值得注意的是，对于企业进入特定市场的出口决策而言，企业前期出口经验的借鉴价值与其获取地点紧密相关。Eaton 等（2007）总结了1996—2005 年哥伦比亚企业的出口市场扩张模式，发现大部分的贸易关系会在一年内终止，存活下来的企业会在此后数年加速市场开拓，并表现出某种地理扩张模式。哥伦比亚的邻近市场是企业向其他拉美国家出口的"阶梯"，企业成功进入邻近市场和其他拉美出口目的地后，又倾向于向更大的 OECD（美国和欧盟）市场延伸。上述"路径依赖"现象说明企业对潜在出口目的地的选择并非随机的，前期出口经验的获取地点与潜在出口市场越相似，出口经验的信息价值越强，越有利于降低潜在市场的出口固定成本，帮助企业跨越零利润生产率门槛，实现成功的市场开拓，因此，企业选择的目标出口市场往往与既有出口市场存在某种关联。Morals 等（2011）、Defever 等（2015）发现了潜在出口市场与既有出口市场之间的地理联系或空间联系。此外，文化、经济、语言的相似性也会影响出口市场扩张路径（Fabling et al.，2012；Wang &

Zhao，2013；綦建红和冯晓洁，2014；林常青和许和连，2017）。

"干中学"效应的本意是强调"累积"和"不断重复"地进行经济活动所产生的动态收益。出口存续期从一个新的视角反映了动态的贸易过程（陈勇兵等，2012），是产生"学习出口"效应最适宜的出口经验获取渠道和积累载体。在"学习出口"效应的作用下，出口存续期越长的企业，积累的出口经验越丰富，削减市场进入固定成本，不仅影响了潜在出口市场进入的可能性，也同时作用于出口市场扩张的方向性。本章测算了中国制造业产品层面的出口存续期，并在计算方案中考虑到了市场相似性、贸易规模以及贸易关系间隔期的影响，研究出口存续期与产品潜在出口市场开拓之间的因果关系。本章余下部分结构安排如下：第二部分，识别产品层面潜在出口关系的数量和分布，并统计潜在出口关系的实现情况；第三部分，采取多种方案测算产品层面的出口存续期；第四部分，通过基准回归和稳健性检验实证研究产品出口存续期对潜在出口市场开拓的影响效果；最后对本章内容进行总结。

## 第二节　产品潜在出口关系的识别

中国于 2001 年年底加入世界贸易组织，由此带来的贸易自由化和便利化为中国出口的高速增长创造了有利条件。2001 年至全球金融危机全面爆发的 2008 年，我国出口贸易额年均增速高达 19.4%，截至 2016 年，年均增速也达到 11.6%（见图 6-1）。鉴于本书以潜在出口市场的实现为研究对象，为了尽可能完整地描述我国产品出口市场扩张的动态过程，我们选取的贸易样本期为 1996—2016 年，其中 1996—1999 年为研究的基准期，用于筛选基准产品代码和测算潜在出口关系。

根据统计，以中国加入 WTO 前的 2000 年为界，76.4% 的贸易关系尚未
实现，至 2016 年，其中 51% 的潜在贸易关系得到实现，说明样本期的
选择符合研究需要。根据盛斌（2002）的归类方法，我们筛选出 4356
个已出口制造业 HS - 6 位数产品编码，以及 189 个国家（经济体）作
为出口市场，由此本书样本总量涵盖 4356 个制造业产品，189 个出口
市场，21 年观测期，共计 17288964 个观测值。

单位：亿美元

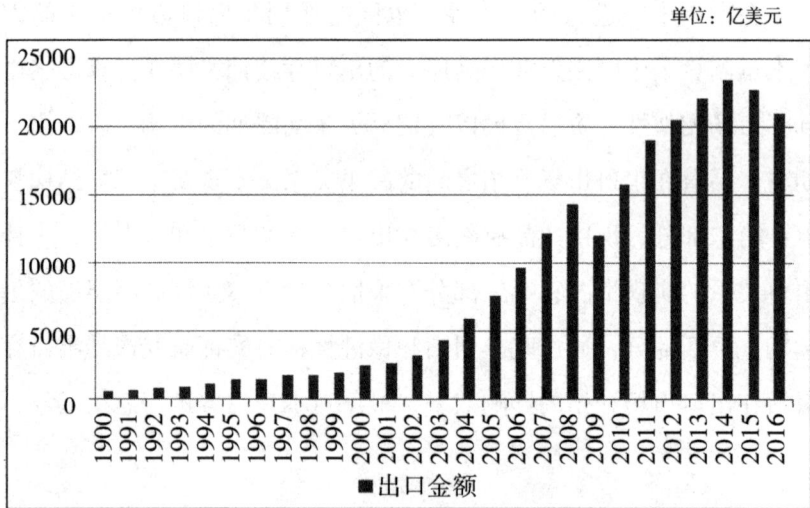

数据来源：《中国统计年鉴》。

图 6 -1　中国出口金额变动情况

我们将一个出口贸易关系定义为一个产品—市场对，令 $xikt$ 为中国
制造业产品 $k$ 在 $t$ 年对出口市场国 $i$ 的出口额。根据 Rakhman（2011）
的方法，如果在 1996 年至 1999 年的 4 年基准期中，$xikt$ 始终为 0，则将
此产品—市场对识别为 2000 年的一个潜在出口关系。在 2000—2016 年
的 17 年中，将首次出现 $xikt > 0$ 的年份识别为该潜在出口关系的实现
期，并在此后的潜在出口关系统计中剔除该产品—市场对。

经过测算，在由 4356 个制造业出口产品与 189 个出口市场国组成

的 823284 个产品—市场对贸易关系中，经过基准期的筛选，2000 年共识别出 629120 个潜在出口关系，截至 2016 年年底，仍有 309922 个潜在出口关系尚待实现，约占全部潜在出口关系的 49%，潜在出口关系的逐年实现情况详见表 6 - 1。表 6 - 1 中第一列为当年识别出的潜在出口关系，第二列为当年实现的潜在出口关系，第三列为截至当年尚未实现的潜在出口关系，也即下一年可识别的潜在出口关系。由于潜在出口关系的数目逐年递减，每年实现的潜在出口关系也大致呈现下降趋势，最高为 2000 年的 30494 个，最低为 2016 年的 8406 个，从相对占比来看，波动范围在 2.64% ~ 5.28% 之间。

表 6 - 1　2000—2016 年潜在出口关系的实现情况

| 年度 | (1)<br>潜在出口关系<br>（产品—市场对） | (2)<br>实现的潜在出口关系<br>占比 [ (2) / (1) ] | (3)<br>未实现的潜在出口关系<br>[ (1) - (2) ] |
|---|---|---|---|
| 2000 | 629120 | 30494 (4.85%) | 598626 |
| 2001 | 598626 | 26302 (4.39%) | 572324 |
| 2002 | 572324 | 24731 (4.32%) | 547593 |
| 2003 | 547593 | 24869 (4.54%) | 522724 |
| 2004 | 522724 | 24420 (4.67%) | 498304 |
| 2005 | 498304 | 25190 (5.06%) | 473114 |
| 2006 | 473114 | 24998 (5.28%) | 448116 |
| 2007 | 448116 | 23266 (5.19%) | 424850 |
| 2008 | 424850 | 19372 (4.56%) | 405478 |
| 2009 | 405478 | 17054 (4.21%) | 388424 |
| 2010 | 388424 | 14478 (3.73%) | 373946 |

续表

| 年度 | （1）潜在出口关系（产品—市场对） | （2）实现的潜在出口关系占比［（2）／（1）］ | （3）未实现的潜在出口关系［（1）－（2）］ |
|------|------|------|------|
| 2011 | 373946 | 13030（3.48%） | 360916 |
| 2012 | 360916 | 11690（3.24%） | 349226 |
| 2013 | 349226 | 10674（3.34%） | 338552 |
| 2014 | 338552 | 10912（3.22%） | 327640 |
| 2015 | 327640 | 9312（2.84%） | 318328 |
| 2016 | 318328 | 8406（2.64%） | 309922 |

数据来源：作者根据 UN Comtrade 数据库整理所得。

依据 Lall（2000）的产品分类标准，我们将中国制造业出口产品按其技术构成分为初级产品、资源型产品、低技术产品、中技术产品和高技术产品五类，并分别统计了各类产品的潜在贸易关系实现情况（详见表6-2）。由于各类产品的差异较大，对比相对占比更具研究意义。初级产品和资源型产品的出口受制于出口国的自然资源禀赋条件，我国这两类产品的潜在出口关系占比明显偏高，而实现的潜在出口关系占比又显著偏低，说明我国自然资源禀赋的比较优势欠缺，出口潜力不大。低技术产品的潜在出口关系占比最低，而实现的潜在出口关系占比最高，说明这类产品的前期市场开发情况较好，并且持续保持了市场扩张优势。高技术产品的潜在出口关系占比略低于中技术产品，且实现的潜在出口关系占比高于中技术产品，表明我国高技术产品的市场开发能力优于中技术产品。此外，本书还参照广义经济分类（BEC. REV.4）对 SITC 编码进行了整合，将出口产品分为资本品、中间产品和消费品三类①，并对各类产品的潜在出口关系实现情况进行了统计。中间产品的潜在出口关系占比最高，实现的潜在出口关系占比最低，说明我国中间产品的出口市场开发能力较弱。资本品的潜在出口关系占比居中，但实现的潜在出口关系占比最高，意味着近年来我国在资本品的出口市场开发上取得了较大的进展。

表6－2　2000—2016年潜在出口关系实现情况——按产品类型细分

| 产品 | （1） | （2） | （3） | （4） |
|---|---|---|---|---|
| 分类标准 | 贸易关系 | 潜在出口关系（产品—市场对）占比[（2）/（1）] | 实现的潜在出口关系占比[（3）/（2）] | 未实现的潜在出口关系[（2）－（3）] |
| 初级产品 | 52542 | 47394（90.2%） | 12723（26.8%） | 34671 |
| 资源型产品 | 156870 | 128882（82.1%） | 51135（39.7%） | 77747 |
| 低技术产品 | 257229 | 177415（68.9%） | 111489（62.8%） | 65926 |
| 中技术产品 | 203742 | 154199（75.7%） | 92212（59.8%） | 61987 |
| 高技术产品 | 83538 | 61767（73.9%） | 38646（62.6%） | 23121 |
| 合计 | 753921② | 569657（75.6%） | 306205（53.8%） | 263452 |
| 资本品 | 120015 | 89451（74.5%） | 60042（67.1%） | 29409 |
| 中间产品 | 494046 | 390536（79.0%） | 189374（48.5%） | 201162 |
| 消费品 | 205443 | 145769（70.9%） | 68522（47.0%） | 77247 |
| 合计 | 819504③ | 625756（76.3%） | 317938（50.8%） | 307818 |

数据来源：作者根据 UN Comtrade 数据库整理所得。

---

① 资本品的代码为41、521；中间产品的代码为111、121、21、22、31、322、42、53；消费品的代码为112、122、522、61、62、63。

② 由于部分 HS 产品编码无法与 HALL（2000）的分类标准实现一一对应，此处的贸易关系仅为753921个。

③ 由于部分 HS 产品编码无法与 BEC 代码实现一一对应，此处的贸易关系仅为819504个。

依据盛斌（2002）的制造业行业划分标准，我们也将制造业细分为28个子行业，并对各行业的潜在出口关系实现情况进行了测算（见表6-3）。潜在出口关系占比最低，即前期出口市场开发情况最好的前十个行业分别为家具制造业（52.6%）、金属制品业（58.3%）、文教体育用品制造业（61.1%）、服装及其他纤维制品制造业（62.1%）、皮革毛皮羽绒及其制品业（62.2%）、塑料制品业（63.4%）、电子及通信设备制造业（63.4%）、橡胶制品业（64.2%）、电气机械及器材制造业（64.7%）和饮料制造业（67.4%）。潜在出口关系占比最高，即前期出口市场开发最弱的十个行业分别为化学纤维制造业（90.7%）、食品加工和制造业（90.2%）、有色金属冶炼及延压加工业（90.1%）、烟草加工业（90.0%）、石油加工及炼焦业（87.6%）、黑色金属冶炼及延压加工业（87.2%）、造纸及纸制品业（83.6%）、化学原料及化学制品制造业（83.3%）、交通运输设备制造业（80.0%）和木材加工及竹藤棕草制品业（79.2%）。

实现的潜在出口关系占比最高，即我国加入世贸组织后出口市场开发情况最好的前十个行业分别为家具制造业（89.1%）、塑料制品业（81.3%）、橡胶制品业（76.9%）、金属制品业（73.1%）、电气机械及器材制造业（71.7%）、印刷和记录媒介的复印业（71.6%）、普通机械制造业（71.4%）、非金属矿物制品业（65.2%）、电子及通信设备制造业（61.4%）、服装及其他纤维制品制造业（61%）。实现的潜在出口关系占比最低，也是加入世贸组织后出口市场开发情况最弱的十个行业分别为烟草加工业（17%）、食品加工和制造业（20.6%）、石油加工及炼焦业（26.3%）、有色金属冶炼及延压加工业（32.5%）、饮料制造业（36.5%）、化学纤维制造业（38.1%）、化学原料及化学制品制造业（39.7%）、医药制造业（41.6%）、皮革毛皮羽绒及其制品业（46.6%）和其他制造业（48.3%）。

概括而言，家具制造业、金属制品业、服装及其他纤维制品制造业、塑料制品业、电子及通信设备制造业、橡胶制品业、电气机械及器材制造业的市场开发优势得到延续；黑色金属冶炼及延压加工业、印刷和记录媒介的复印业、普通机械制造业、造纸及纸制品业、专用设备制造业、木材加工及竹藤棕草制品业的出口市场开发能力获得较大进展。化学原料及化学制品制造业、石油加工及炼焦业、烟草加工业、食品加工和制造业的市场开发劣势有所扩大；文教体育用品制造业、皮革毛皮羽绒及其制品业、饮料制造业的市场开发优势下滑明显。

表 6 – 3　2000—2016 年潜在出口关系的实现情况——按制造业行业细分

| 制造业<br><br>行业分类 | （1）<br><br>贸易关系 | （2）<br><br>潜在出口关系<br>（产品—市场对）<br>占比〔（2）/（1）〕 | （3）<br><br>实现的潜在<br>出口关系<br>占比〔（3）/（2）〕 | （4）<br><br>未实现的潜在<br>出口关系<br>〔（2）－（3）〕 |
|---|---|---|---|---|
| 07 食品加工和制造业 | 75978 | 68535（90.2%） | 14148（20.6%） | 54387 |
| 08 饮料制造业 | 1134 | 764（67.4%） | 279（36.5%） | 485 |
| 09 烟草加工业 | 1134 | 1021（90.0%） | 176（17.0%） | 845 |
| 10 纺织业 | 97713 | 374269（76.0%） | 37694（50.8%） | 36575 |
| 11 服装及其他纤维制品制造业 | 47817 | 29685（62.1%） | 18113（61.0%） | 11572 |
| 12 皮革毛皮羽绒及其制品业 | 12096 | 7521（62.2%） | 3505（46.6%） | 4016 |
| 13 木材加工及竹藤棕草制品业 | 8316 | 6589（79.2%） | 3790（57.5%） | 2799 |

续表

| 制造业<br><br>行业分类 | (1)<br><br>贸易关系 | (2)<br>潜在出口关系<br>（产品—市场对）<br>占比[(2)/(1)] | (3)<br>实现的潜在<br>出口关系<br>占比[(3)/(2)] | (4)<br>未实现的潜在<br>出口关系<br>[(2)-(3)] |
|---|---|---|---|---|
| 14 家具制造业 | 4725 | 2486 (52.6%) | 2214 (89.1%) | 272 |
| 15 造纸及纸制品业 | 22302 | 18646 (83.6%) | 10132 (54.3%) | 8514 |
| 16 印刷和记录媒介的复印业 | 3969 | 3121 (78.6%) | 2236 (71.6%) | 885 |
| 17 文教体育用品制造业 | 18900 | 11539 (61.1%) | 6841 (59.3%) | 4698 |
| 18 石油加工及炼焦业 | 3591 | 3144 (87.6%) | 828 (26.3%) | 2316 |
| 19 化学原料及化学制品制造业 | 135513 | 112887 (83.3%) | 44768 (39.7%) | 68119 |
| 20 医药制造业 | 11718 | 8835 (75.4%) | 3673 (41.6%) | 5162 |
| 21 化学纤维制造业 | 3591 | 3258 (90.7%) | 1242 (38.1%) | 2016 |
| 22 橡胶制品业 | 7938 | 5097 (64.2%) | 3919 (76.9%) | 1178 |
| 23 塑料制品业 | 11718 | 7432 (63.4%) | 6041 (81.3%) | 1391 |
| 24 非金属矿物制品业 | 28350 | 20561 (72.5%) | 13404 (65.2%) | 7157 |
| 25 黑色金属冶炼及延压加工业 | 35154 | 30669 (87.2%) | 18213 (59.4%) | 12456 |
| 26 有色金属冶炼及延压加工业 | 24192 | 21793 (90.1%) | 7091 (32.5%) | 14702 |

| 制造业<br>行业分类 | （1）<br>贸易关系 | （2）<br>潜在出口关系<br>（产品—市场对）<br>占比［(2)/(1)］ | （3）<br>实现的潜在<br>出口关系<br>占比［(3)/(2)］ | （4）<br>未实现的潜在<br>出口关系<br>［(2)-(3)］ |
|---|---|---|---|---|
| 27 金属制品业 | 36855 | 21503（58.3%） | 15712（73.1%） | 5791 |
| 28 普通机械制造业 | 59157 | 43723（73.9%） | 31236（71.4%） | 12487 |
| 29 专用设备制造业 | 50274 | 39514（78.6%） | 23356（59.1%） | 16158 |
| 30 交通运输设备制造业 | 23058 | 18467（80.0%） | 9767（52.9%） | 8700 |
| 31 电气机械及器材制造业 | 35532 | 22982（64.7%） | 16483（71.7%） | 6499 |
| 32 电子及通信设备制造业 | 10395 | 6593（63.4%） | 4046（61.4%） | 2547 |
| 33 仪器仪表及文化办公用机械 | 31752 | 23617（74.3%） | 13414（56.8%） | 10203 |
| 34 其他制造业 | 19656 | 14140（71.9%） | 6825（48.3%） | 7315 |
| 合计 | 822528 | 628391（76.4%） | 319146（50.8%） | 309245 |

数据来源：作者根据 UN Comtrade 数据库和盛斌（2002）的制造业行业划分标准整理所得。

按照人均 GDP 水平，本书将出口市场国划分为高收入国家、中高收入国家、中低收入国家和低收入国家四类①。表 6 - 4 显示了不同收入水平国家的潜在出口关系实现情况。从潜在出口关系的数量对比来看，高收入国家＜中等收入国家＜低收入国家，并且高、中、低三类国家之间的差距较大，说明加入世贸组织前我国出口市场开发具有明显的

---

① 依据世界银行 2016《World development indicators》划分。

收入偏好特征。从潜在出口关系的实现情况来看，中等收入国家＞高收入国家＞低收入国家，说明一方面在前期市场开发已较为充分的基础上，继续挖掘高收入国家的出口市场呈现出不可持续性，另一方面则表明中、低收入国家出口市场的后续开发空间较大。此外，本书也按照地理位置分布，将出口市场国分为东亚与太平洋地区、欧洲与中亚地区、拉丁美洲与加勒比海地区、中东与北非地区、北美、南亚、撒哈拉以南非洲地区共七个地理区位。前期出口市场开发最为充分的三个地区依次为北美（49.4%）、东亚与太平洋地区（65.3%）、中东与北非地区（69.8%），开发程度最弱的三个地区依次为南亚（88.4%）、拉丁美洲与加勒比海地区（82.9%）、撒哈拉以南非洲地区（76.4%）。从加入世贸组织后的出口市场开发情况来看，中东与北非地区（65.1%）、欧洲与中亚地区（56.9%）、南亚（52.1%）的开发潜力较高，北美（36.6%）、东亚与太平洋地区（43.8%）、拉丁美洲与加勒比海地区（45.1%）的开发潜力较弱。

表6-4　2000—2016年潜在出口关系实现情况——按出口市场国细分

| 出口市场国<br><br>分类标准 | (1)<br><br>贸易关系 | (2)<br>潜在出口关系<br>（产品—市场对）<br>（占比<br>[(2)/(1)]） | (3)<br>实现的潜在<br>出口关系<br>（占比<br>[(3)/(2)]） | (4)<br>未实现的潜在<br>出口关系<br>[(2)-(3)] |
|---|---|---|---|---|
| 高收入 | 283140 | 190704（67.4%） | 96825（50.8%） | 93879 |
| 中高收入 | 200376 | 158500（79.1%） | 84218（53.1%） | 74282 |
| 中低收入 | 200376 | 156095（77.9%） | 82768（53.0%） | 73326 |
| 低收入 | 130680 | 115182（88.1%） | 54400（47.2%） | 60782 |
| 合计 | 814572① | 620480（76.2%） | 318211（51.3%） | 302269 |

---

①　由于部分出口目的地收入分类缺失，此处仅有814572个贸易关系。

续表

| 出口市场国 | (1) | (2) | (3) | (4) |
|---|---|---|---|---|
| 分类标准 | 贸易关系 | 潜在出口关系<br>（产品—市场对）<br>（占比<br>[(2)/(1)]） | 实现的潜在<br>出口关系<br>（占比<br>[(3)/(2)]） | 未实现的潜在<br>出口关系<br>[(2)-(3)] |
| 东亚与太平洋地区 | 143748 | 93929（65.3%） | 41152（43.8%） | 52777 |
| 欧洲与中亚地区 | 204732 | 152277（74.4%） | 86687（56.9%） | 65590 |
| 拉丁美洲与加勒比海地区 | 161172 | 133593（82.9） | 60267（45.1%） | 73326 |
| 中东与北非地区 | 87120 | 60782（69.8%） | 39597（65.1%） | 21185 |
| 北美 | 13068 | 6453（49.4%） | 2361（36.6%） | 4092 |
| 南亚 | 34848 | 24257（88.4%） | 12642（52.1%） | 11615 |
| 撒哈拉以南非洲地区 | 178596 | 157829（76.4%） | 76492（48.5%） | 81337 |
| 合计 | 823284 | 629120（76.4%） | 319198（50.7%） | 309922 |

数据来源：作者根据 UN Comtrade 数据库和 2016《World development indicators》整理所得。

## 第三节　产品出口存续期的测算

令 $k=1$，…，$K$ 表示出口产品种类，$i=1$，…，$I$ 表示全部出口市场，$t=1$，…，$T$ 表示时期，$xikt$ 为中国产品 $k$ 在 $t$ 年对出口市场国 $i$ 的出口额。以 $m=1$，…，$M$ 表示产品 $k$ 已经实现的出口市场，定义为至 $t$ 年（包括 $t$ 年），至少有一年 $xmkt>0$。以 $n=1$，…，$N$ 表示潜在出口市场，定义为至 $t$ 年（包括 $t$ 年），始终 $xnkt=0$。以 $Dikt$ 表示产品 $k$ 至 $t$

年在出口市场国 $i$ 的出口存续期，定义为样本期内截至 $t$ 年，距离 $t$ 年最近，且连续 $xikt > 0$ 的持续时间段。与陈勇兵等（2014）采用第一持续时间段的方法不同，本书选择距离 $t$ 期最近的持续时间段，这一做法的好处在于可以在后续计算中体现出口经验的时效性。由于同一产品会出口到多个市场，并且各市场的出口存续期往往并不一致，因此产品层面出口存续期的计算需要对各市场不同的存续时间取平均值，根据研究需要，本书设计了三种加权平均方案。

## 一、考虑出口规模的产品出口存续期测算

贸易规模是影响出口经验的重要因素，较大的出口规模说明该产品在出口市场需求量大，或者国内出口企业数目众多，更利于出口经验的积累与溢出。为了区分在不同贸易规模的出口市场所获取出口经验的差异，本书以产品 $k$ 在各出口市场贸易规模占产品 $k$ 当年总贸易规模的比值为权重，加权平均计算产品 $k$ 的出口存续期，计算方案表示为：

$$D_{nkt\_VAL} = \sum_{i=1}^{I} \left( \frac{X_{ikt} * D_{ikt}}{\sum_{i=1}^{I} X_{ikt}} \right) \tag{6.1}$$

其中，$D_{nkt\_VAL}$ 是以产品 $k$ 在单个市场出口规模占其总贸易规模的比值为权重计算的产品出口存续期，$D_{nkt\_VAL}$ 的数据特征表现为产品—年结构，即产品 $k$ 在 $t$ 年对所有的潜在出口市场具有相同的 $D_{nkt\_VAL}$。

## 二、考虑市场相似性的产品出口存续期测算

就某一特定的潜在出口市场而言，前期出口经验的获取地点非常关键。例如，对于开辟美国市场，在拉美国家的出口经验积累就比南亚国

家更具借鉴价值。因此，出口存续期的计算还应引入潜在出口市场与既有出口市场的相似性作为权重变量，以区分不同出口市场国之间的相似与关联。为了刻画市场相似性，学者已经进行了诸多尝试，其中地理距离与经济发展水平差异是被普遍采用的代理指标。一方面，地理区位邻近的国家在资源、要素禀赋、文化、语言、制度环境和需求特征方面相似性更高。另一方面，根据新贸易理论的重叠需求原理，收入水平决定了一国的需求档次，处于同一收入水平的出口市场国在需求结构、产品档次、产品规则方面相近，使得出口扩张路径更容易在收入水平相近的国家之间延伸。此外，在示范效应的作用下，一国经济社会的消费结构受到邻近国家或收入水平相近国家的影响，并随之而升级，这也使得出口扩张路径会沿地理邻近和收入相似两个维度同时展开。鉴于此，本书以人口最密集城市间地理距离的倒数量化出口市场国的地理相似性，以人均 GDP 差距的倒数量化出口市场国在收入水平上的相似性，并在计算产品出口存续期时分别作为反映市场相似性的权重指标进行加权平均。在考虑市场相似性后，产品出口存续期表示为：

$$D_{nkt\_VAL\_DIST/GDPpc} = \sum_{i=1}^{I} \left( \frac{V_{nit} * D_{ikt}}{\sum_{i=1}^{I} V_{nit}} \right) \tag{6.2}$$

$$V_{nit} = \frac{\left( \dfrac{w_{nit}}{\sum_{i=1}^{I} w_{nit}} + \dfrac{X_{ikt}}{\sum_{i=1}^{I} X_{ikt}} \right)}{2} \tag{6.3}$$

其中，$D_{nkt\_VAL\_DIST/GDPpc}$ 是同时采用贸易规模和市场相似性为权重指标计算的产品出口存续期。$w_{nit}$ 是衡量潜在出口市场 n 与既有出口市场 i 在第 t 期相似性的权重变量。以贸易规模和地理距离的倒数为权重时，记为 $D_{nkt\_VAL\_DIST}$，以贸易规模和人均 GDP 差距的倒数为权重时，记为 $D_{nkt\_VAL\_GDPpc}$。在引入市场相似性作为权重指标后，产品出口存续期的数据结构表现为产品—年—出口市场国特征，即产品 $k$ 在 $t$ 年对于不同的潜在出口市场具有不同的 $D_{nkt\_\ VAL\_\ DIST/GDPpc}$。

### 三、考虑出口经验时效性的产品出口存续期测算

出口贸易关系有中断的可能，而一旦中断，此前积累的出口经验对于新市场的扩张也许是"过时"的，其借鉴价值也会随之"打折"。Özler 等（2009）将近期的出口经验定义为在 t－1 期有出口，将过去的出口经验定义为 t－2 期有出口，而 t－1 期不出口，他们发现尽管过去和近期的出口市场参与对当前的出口决策都起作用，但前者的重要性会相对减弱。为了区分已经中断的贸易存续期与持续的贸易存续期在时效性上的差异，还可以根据贸易关系与当期的间隔时长赋予一定的折扣率，即距离当前期越远的贸易存续期，给予的折扣率越大，出口经验借鉴价值越小。考虑出口经验时效性后的产品出口存续期表示为：

$$D_{nkt\_\ VAL\_\ DIST/GDPpc\_\ \beta} = \sum_{i=1}^{I} \left( \frac{V_{nit} * (D_{ikt} * \beta^{t-\tau})}{\sum_{i=1}^{I} V_{nit}} \right) \tag{6.4}$$

$$1996 < \tau \leqslant t \tag{6.5}$$

其中，$\tau$ 是距离 $t$ 最近一期 $X_{ikt} > 0$ 的年份，$\tau < t$ 表示已经中断的贸易关系，$\tau = t$ 则为持续的贸易关系，$\beta$ 是对距当前有间隔期的出口存续期赋予的折扣率，本书赋值为 0.75。当以贸易规模和地理距离的倒数为权重时，记为 $D_{nkt\_\ VAL\_\ DIST\_\ \beta}$，以贸易规模和人均 GDP 差距的倒数为权重时，记为 $D_{nkt\_\ VAL\_\ GDPpc\_\ \beta}$[①]。对距当前有间隔期的出口存续期赋予折

---

① 如果某一出口市场的贸易存续期出现了中断，则当期的贸易规模为 0，采用贸易规模为权重指标计算产品出口存续期时，其权重值也为 0，因此是否引入折扣率不会影响计算结果，故计算 $D_{nkt\_\ VAL}$ 时没有引入折扣率。

扣率后，产品出口存续期的数据结构同样表现为产品—年—出口市场国特征。

## 第四节　典型化事实与模型构建

### 一、典型化事实

本书计算产品出口存续期所需的数据来源分别为：中国对 189 个出口市场国出口产品数据源自联合国商品贸易统计数据库（UN Comtrade）HS－6 位数编码数据；各出口市场国之间的地理距离出自 Centre d'Etudes Prospectives et d'Information Internationales（CEPII）数据库。各出口市场国的宏观经济数据，如 GDP、人均 GDP 等出自世界银行世界发展指标（WDI）数据库。根据上述产品出口存续期的测算方法，本书基于不同的权重方案计算了产品出口存续期，并分别汇报了全样本、潜在出口关系、已实现潜在出口关系和未实现潜在出口关系的出口存续期均值，结果详见表 6－5。仅以贸易规模为权重计算的产品出口存续期显著高于其他权重方案的计算结果，说明贸易规模越大的出口关系，其存续时间越长。通过比较发现，在产品出口存续期的各种权重计算方案下，已实现潜在出口关系的存续期均值显著高于未实现潜在出口关系的存续期均值，表明出口存续期的时间长度是影响贸易关系是否实现的关键因素，与前文的理论机制分析相符。

按照前文所述的方法，本书还依据产品类型和市场类型统计了各细分产品及细分市场的出口存续期均值（详见附录），已实现潜在出口关系与未实现潜在出口关系相比，前者的产品出口存续期均值更高，且这一特征依然稳健。

表6－5　全样本产品出口存续期均值

| Dnkt<br>计算方案 | 全样本 | 潜在出口<br>关系 | 已实现潜在<br>出口关系 | 未实现潜在<br>出口关系 |
|---|---|---|---|---|
| VAL | 8.922 | 8.370 | 9.538 | 7.230 |
| VAL_ DIST | 5.546 | 4.863 | 5.918 | 3.833 |
| VAL_ DIST_ β | 5.490 | 4.812 | 5.847 | 3.801 |
| VAL_ GDPpc | 5.317 | 4.688 | 5.781 | 3.620 |
| VAL_ GDPpc_ β | 5.262 | 4.635 | 5.729 | 3.574 |
| 样本量 | 13995828 | 10695040 | 5283464 | 5411576 |

数据来源：作者根据 UN Comtrade 数据库、CEPII 数据库和 WDI 数据库整理所得。

## 二、模型构建和变量选择

令 $Snkt$ 为产品 $k$ 在 $t$ 年能否出口到潜在出口市场国 $n$ 的一个二值哑变量，即

$$S_{nkt} = \begin{cases} 1, & x_{nkt} > 0 \\ 0, & x_{nkt} = 0 \end{cases} \tag{6.6}$$

本书关注产品出口存续期对其潜在出口市场开拓的影响，因此构建 Logit 回归模型如下：

$$\Pr(S_{nkt} = 1) = f(D_{nk,t-1}, z) \tag{6.7}$$

其中，核心解释变量 $D_{nk,t-1}$ 是产品 $k$ 针对潜在出口市场国 $n$ 计算的出口存续期，为了缓解可能存在的内生性问题，此处使用了滞后一期项；$z$ 为其他控制变量的向量集，参考 Rakhman（2011）、陈勇兵等（2014）、綦建红和冯晓洁（2014）、林常青和许和连（2017）的研究方

法，主要包括贸易引力模型中的一些常见变量：出口市场国国内生产总值（GDP）和人均国内生产总值（GDPpc）、中国与出口市场国的双边地理距离（Distance）、出口市场国的汇率波动率（Rfe）、出口市场国的进口关税水平（Tariff）、出口市场国是否为东盟成员国（DM）；$\mu_{nkt}$ 为标准误，具体的回归模型可表示为：

$$Pr(S_{nkt} = 1) = \alpha_0 + \alpha_1 D_{nk,t-1} + \alpha_2 lnGDP_{nt} + \alpha_3 lnGDP_{pcnt} + \alpha_4 lnDstiance_{nt} + \alpha_5 Rfe_{nt} + \alpha_6 Tariff_{nt} + \alpha_7 DM_{nt} + \mu_{nkt} \tag{6.8}$$

出口市场国国内生产总值（GDP）代表其经济规模，经济总量越大的出口市场，贸易规模也越大，提高了产品进入出口目的地的概率，预期回归结果为正；人均国内生产总值（GDPpc）代表出口市场国的经济发展水平，收入水平越高的出口市场国需求能力越强，因此在通常的贸易引力模型中对该指标的回归结果预期为正。但本书以潜在出口市场开拓为研究对象，与引力模型研究的贸易流量有所不同。依据前文所述，由于中国对富裕经济体的市场开发在前期已经较为充分，我国出口市场的扩张路径可能会沿着收入阶梯向下拓展，因此该变量的回归结果也可能为负。按照引力模型的变量设定，中国与出口市场国的地理距离（Distance）代表中国与出口市场国进行国际贸易的运输成本，通常作为可变贸易成本的代理变量。较高的可变贸易成本阻碍了新贸易关系的产生，预期回归结果为负；出口市场国的汇率波动率（Rfe）用出口市场国本币对美元汇率相对前一期的变动率表示，Rfe 上升代表该国货币相对于前一期贬值，不利于中国产品出口，预期回归结果为负；Tariff 用出口市场国进口关税税率表示，关税是可变贸易成本的重要组成部分，预期回归结果为负；东盟成员国（DM）为虚拟变量，如果出口市场国为东盟成员国，取值为1，反之为0。国际经济一体化组织通过促进贸易便利化的谈判和协议推动贸易关系实现，预期回归结果为正。上述变量中，GDP、GDPpc、Distance 变量均取自然对数值引入模型估计，具体变量说明见表6-6。

**表6-6　变量说明及统计性描述**

| 变量名 | 变量说明 | 预期符号 | N | 均值 | 标准差 | 最小值 | 最大值 |
|---|---|---|---|---|---|---|---|
| L. Dnkt | 产品出口存续期 | + | | | | | |
| VAL | 以贸易规模作为权重指标 | + | 13172544 | 8.59 | 5.01 | 0.00 | 20.00 |
| VAL_ DIST | 以贸易规模和地理距离的倒数作为权重指标 | + | 13172544 | 5.32 | 3.62 | 0.00 | 19.89 |
| VAL_ DIST_ β | 以贸易规模和地理距离的倒数作为权重指标，并对贸易间隔期附加折扣率 | + | 13172544 | 5.26 | 3.60 | 0.00 | 19.88 |
| VAL_ GDPpc | 以贸易规模与人均GDP差距的倒数作为权重指标 | + | 13172544 | 5.13 | 3.73 | 0.00 | 19.87 |
| VAL_ GDPpc_ β | 以贸易规模与人均GDP差距的倒数作为权重指标，并对贸易间隔期附加折扣率 | + | 13172544 | 5.08 | 3.71 | 0.00 | 19.87 |
| lnGDP | 出口市场国国内生产总值 | + | 13216104 | 23.73 | 2.44 | 16.39 | 30.55 |
| lnGDPpc | 出口市场国人均国内生产总值 | ? | 13216104 | 8.26 | 1.59 | 4.71 | 11.54 |
| lnDistance | 中国与出口市场国地理距离 | - | 13773672 | 8.98 | 0.54 | 6.69 | 9.86 |
| Rfe | 出口市场国本币对美元汇率相对前一期的变动率 | - | 11539044 | $-1.27e+10$ | $2.82e+11$ | $-9.98e+12$ | 1.00 |
| Tariff | 出口市场国进口关税率 | - | 6927678 | 10.14 | 11.88 | 0.00 | 1506 |
| DM | 出口市场国是否为东盟成员国 | + | 13995828 | 0.05 | 0.22 | 0.00 | 1.00 |

数据来源：作者根据 UNComtrade 数据库、CEPII 数据库和 WDI 数据库相关变量整理所得。

# 第五节 实证结果分析

## 一、基准回归分析

表 6-7 呈现了仅引入产品出口存续期一次项的基准回归估计结果，为了便于回归系数的解释，表 6-7 中对 Logit 模型的估计值以发生比率（Odds Ratios）的形式报告，即回归系数的自然指数形式。发生比率在测量关联时可以给予清楚的解释，大于 1 的发生比率表明事件发生的可能性会提高，或者说自变量对事件概率有正的作用；小于 1 的发生比率表示事件发生的可能性会降低，或者说自变量对事件概率有负的作用。1 是揭示关联的界限值，表示变量对事件概率无作用。表 6-7 中的所有回归均控制了 HS-4 位数产品固定效应和年份固定效应，标准误按 6 位数产品聚类。

表 6-7 第（1）~（5）列分别呈现了基于不同权重方案计算的产品出口存续期对潜在出口市场进入的影响效果，其中第（1）列以贸易规模为权重指标；第（2）~（3）列同时以贸易规模和地理距离的倒数为权重指标；第（4）~（5）列同时以贸易规模和收入差距的倒数为权重指标；第（3）和（5）列在相应权重指标的基础上还对与当期有间隔的产品出口存续期逐年附加了 0.75 的折扣率。本书关注的重点是产品出口存续期与潜在出口市场扩张的关系，从回归结果来看，在各种计算方案下，出口存续期变量的发生比在 1% 的水平上显著，估计值在 1.143~1.316 之间，表明产品出口存续期的延续有利于潜在出口市

场的实现，符合预期。在引入贸易规模和市场相似性作为权重指标后，出口存续期变量的发生比率约为 1.296～1.316，明显高于仅采用贸易规模作为权重指标的 1.143，说明在相似市场的出口经验对出口目的地的开拓更为有效，也揭示了我国产品的出口市场扩张具有较强的路径依赖特征。

出口市场国 GDP 的发生比率在 1.534～1.586 之间，说明我国产品出口具有大市场偏好，与传统引力模型结论相符。但出口市场国人均 GDP 的发生比估计值在 0.884～0.947 之间，均小于 1，意味着我国产品的出口市场扩张瞄准的是收入较低的国家，似乎与常理相悖。对此可能的解释是，本书在 2000—2016 年的样本期内考察潜在出口关系的实现情况，而在此之前，中国产品已经大量面向发达经济体出口，使得对高收入国家尚未实现的贸易关系相对较少，而这些潜在的贸易关系可能产品敏感性更强，进入门槛更高，开发难度更大，因此唯有另辟蹊径，去低收入国家寻找机会。中国与出口市场国双边地理距离变量的发生比估计值在 0.810～0.882 之间，均小于 1，表明我国产品的出口市场拓展具有由近及远的地理空间特征。出口市场国汇率波动率的发生比估计值为 1，意味着汇率变动并不是影响潜在出口市场进入的关键变量。出口市场国进口关税税率的发生比估计值为 0.995～0.996，表示较高的关税壁垒确实显著阻碍了我国产品出口关系的实现。东盟变量的发生比估计值在 1.356～1.413 之间，表明中国出口产品更容易进入东盟成员国市场，也揭示了参与区域经济一体化组织将有利于我国产品的出口市场扩张。

表6-7　一次项的基准回归结果

| | | (1) | (2) | (3) | (4) | (5) |
|---|---|---|---|---|---|---|
| L.$D_{nkt}$ | VAL | 1.143***(29.88) | | | | |
| | VAL_DIST | | 1.313***(39.92) | | | |
| | VAL_DIST_β | | | 1.316***(40.13) | | |
| | VAL_GDPpc | | | | 1.296***(47.05) | |
| | VAL_GDPpc_β | | | | | 1.297***(47.42) |
| lnGDP | | 1.542***(118.28) | 1.534***(119.44) | 1.536***(119.92) | 1.586***(132.00) | 1.586***(131.88) |
| lnGDPpc | | 0.929***(-25.57) | 0.947***(-17.80) | 0.946***(-18.21) | 0.884***(-43.34) | 0.884***(-43.35) |
| lnDistance | | 0.810***(-29.70) | 0.853***(-21.27) | 0.882***(-21.39) | 0.811***(-29.08) | 0.811***(-29.05) |
| Rfe | | 1.000***(-3.83) | 1.000***(-3.52) | 1.000***(-3.55) | 1.000***(-2.32) | 1.000***(-2.32) |
| Tariff | | 0.996***(-10.76) | 0.996***(-10.84) | 0.996***(-10.88) | 0.995***(-12.41) | 0.995***(-12.42) |
| DM | | 1.390***(21.02) | 1.413***(22.27) | 1.412***(22.21) | 1.357***(19.21) | 1.356***(19.14) |
| Product FE | | √ | √ | √ | √ | √ |
| Year FE | | √ | √ | √ | √ | √ |
| Pseudo R2 | | 0.136 | 0.141 | 0.141 | 0.143 | 0.143 |
| N | | 3129165 | 3129165 | 3129165 | 3129165 | 3129165 |

注：\*\*\*、\*\*、\* 分别表示参数估计值在1%、5%、10%的统计水平显著，括号内为Z值。

表6-8 同时引入二次项的基准回归结果

| 变量名 | (1) | (2) | (3) | (4) | (5) |
|---|---|---|---|---|---|
| VAL | 1.377*** (32.22) | | | | |
| VAL_DIST | | 1.745*** (37.10) | | | |
| VAL_DIST_β | | | 1.739*** (36.77) | | |
| VAL_GDPpc | | | | 1.658*** (39.62) | |
| VAL_GDPpc_β | | | | | 1.656*** (39.42) |
| L. D$_{nkt}$ VAL$^2$ | 0.989*** (-23.42) | | | | |
| VAL_DIST$^2$ | | 0.973*** (-23.84) | | | |
| VAL_DIST_β$^2$ | | | 0.973*** (-23.33) | | |
| L. D$_{nkt}^2$ VAL_GDPpc$^2$ | | | | 0.979*** (-24.96) | |
| VAL_GDPpc_β$^2$ | | | | | 0.979*** (-24.74) |
| lnGDP | 1.552*** (118.6) | 1.552*** (120.8) | 1.553*** (121.2) | 1.592*** (131.2) | 1.592*** (131.0) |
| lnGDPpc | 0.929*** (-25.37) | 0.943*** (-19.10) | 0.942*** (-19.48) | 0.892*** (-40.99) | 0.892*** (-41.01) |
| lnDiance | 0.810*** (-29.35) | 0.845*** (-22.47) | 0.844*** (-22.58) | 0.811*** (-28.80) | 0.812*** (-28.73) |

续表

| 变量名 | (1) | (2) | (3) | (4) | (5) |
|---|---|---|---|---|---|
| Rfe | 1.000***(-3.75) | 1.000***(-3.64) | 1.000***(-3.67) | 1.000(-1.34) | 1.000(-1.36) |
| Tariff | 0.996***(-10.49) | 0.996***(-10.62) | 0.996***(-10.65) | 0.996***(-11.38) | 0.996***(-11.42) |
| DM | 1.417***(21.83) | 1.429***(22.63) | 1.428***(22.59) | 1.402***(21.07) | 1.400***(20.99) |
| Product FE | √ | √ | √ | √ | √ |
| Year FE | √ | √ | √ | √ | √ |
| Pseudo R2 | 0.139 | 0.144 | 0.144 | 0.146 | 0.146 |
| N | 3129165 | 3129165 | 3129165 | 3129165 | 3129165 |

注：***、**、* 分别表示参数估计值在 1%、5%、10% 的统计水平显著，括号内为 Z 值。

　　此外，本书还在一次项的基础上，同时引入了产品出口存续期的二次项，以验证产品出口存续期与潜在出口市场进入是否存在非线性关系，估计结果见表6-8。产品出口存续期的一次项发生比估计值在1.377~1.745之间，均在1%的水平上显著，二次项的发生比估计值均显著小于1，系数值在0.973~0.989之间，说明产品出口存续期与潜在市场进入之间形成"倒U形"关系，出口存续期对潜在出口市场扩张的促进作用会随时间而衰减，并且在超过一定的临界值后体现为抑制作用。其背后可能的原因在于，出口存续期越长的产品越是成熟产品，而成熟产品的前期出口市场开发已经较为充分，并且成熟产品所适应的消费者偏好往往无法匹配新出口市场的需求特征，又或许是成熟产品的出口市场扩张面临着更大的外部竞争，因而用老产品开发新市场的难度必然大于新产品。其他解释变量的方向性和显著性与引入一次项的估计结果一致，其发生比的估计值与表6-7所示数据相比也相差不大。

## 二、稳健性检验

### （一）基于不同计量方法的稳健性检验

　　在Logit模型基础上，本书采用了线性概率模型进行计量方法的稳健性检验。首先，Hausman等（1984）、Bastos和Silva（2012）指出，当需要控制大量固定效应时，最大似然估计法可能因冗余参数问题（incidental parameters problem）而无法取得一致估计，因此推荐采用线性概率模型解决因变量为虚拟变量的定性响应问题。其次，线性概率模型便于计算"倒U形"曲线的拐点位置，以判断出口存续期对潜在出口市场进入的促进效果是否有衰减趋势。表6-9为线性概率模型的估计结果，我们同时引入了产品出口存续期的一次项与二次项，并且控制了更高细分维度的 HS - 6 位数产品编码和年份固定效应。尽管计量方法不同，但产品出口存续期的一次项估计系数均显著大于 0，系数值在 0.0025 ~ 0.0046 之间，而二次项的估计值均显著小于 0，系数值在 - 0.0001 ~ - 0.0002 之间，同样表明产品出口存续期与潜在市场进入之间存在"倒 U 形"关系。我们依据表 6 - 9 第（3）和（5）列的系数估计值计算了相应的"倒 U 形"曲线拐点位置，分别位于 11.97 和 10.24①，约为滞后一阶 $Dnkt\_VAL\_DIST\_\beta$ 的第 95 分位数和滞后一阶 $Dnkt\_VAL\_GDPpc\_\beta$ 的第 90 分位数，也就是说，对于绝大多数出口产品而言，出口存续期起到了促进出口市场开拓的作用，但仍有极少部分成熟产品表现出较大的市场开发难度。引入市场相似性后，产品出口存续期的系数估计值大于仅采用贸易规模为权重指标的系数估计值，也印证了我国产品出口市场扩张的路径依赖性。其他解释变量的方向性和显著性与基准回归较为一致，线性概率模型的回归结果验证了本书研究结论的稳健性。

---

① 该结果按未经四舍五入处理的系数估计值计算取得。

表 6 - 9　基于线性概率模型的稳健性检验

| 变量名 | | (1) | (2) | (3) | (4) | (5) |
|---|---|---|---|---|---|---|
| | VAL | 0.0025*** (10.31) | | | | |
| | VAL_DIST | | 0.0045*** (9.88) | | | |
| | VAL_DIST_β | | | 0.0044*** (9.65) | | |
| | VAL_GDPpc | | | | 0.0045*** (12.05) | |
| | VAL_GDPpc_β | | | | | 0.0046*** (12.13) |
| L. D_nkt | VAL² | -0.0001*** (-10.19) | | | | |
| | VAL_DIST² | | -0.0002*** (-4.32) | | | |
| | VAL_DIST_β² | | | -0.0001*** (-3.86) | | |
| | VAL_GDPpc² | | | | -0.0002*** (-7.11) | |
| L. D_nkt² | VAL_GDPpc_β² | | | | | -0.0002*** (-6.82) |
| | lnGDP | 0.0189*** (67.49) | 0.0188*** (67.65) | 0.0189*** (67.69) | 0.0190*** (67.59) | 0.0190*** (67.59) |
| | lnGDPpc | -0.0020*** (-17.05) | -0.0019*** (-16.03) | -0.0019*** (-16.08) | -0.0022*** (-18.47) | -0.0022*** (-18.56) |
| | lnDiance | -0.0089*** (-28.56) | -0.0087*** (-27.58) | -0.0087*** (-27.59) | -0.0089*** (-28.52) | -0.0089*** (-28.51) |
| | Rfe | -3.67e-15* (-1.91) | -3.76e-15* (-1.96) | -3.77e-15** (-1.96) | -3.20e-15* (-1.67) | -3.22e-15* (-1.68) |

续表

| 变量名 | (1) | (2) | (3) | (4) | (5) |
|---|---|---|---|---|---|
| Tariff | -0.0004*** (-3.29) | -0.00005*** (-3.39) | -0.00005*** (-3.39) | -0.00005*** (-3.37) | -0.00005*** (-3.38) |
| DM | 0.0170*** (18.78) | 0.0167*** (18.56) | 0.0167*** (18.55) | 0.0167*** (18.51) | 0.0167*** (18.49) |
| ProductFE | √ | √ | √ | √ | √ |
| YearFE | √ | √ | √ | √ | √ |
| R-squared | 0.0711 | 0.0711 | 0.0712 | 0.0711 | 0.0712 |
| N | 3143184 | 3143184 | 3143184 | 3143184 | 3143184 |

注：***、**、*分别表示参数估计值在1%、5%、10%的统计水平显著，括号内为t值。

### （二）考虑出口不确定性的稳健性检验

通过对哥伦比亚企业出口市场扩张模式的研究，Eaton 等（2007）发现大部分的贸易关系会在一年内终止，存活下来的企业会在此后数年迅速扩张。针对企业在新出口市场"浅尝辄止"的行为，既有文献主要是从不确定性角度进行解释，包括了潜在市场出口固定成本的不确定性（Segura – Cayuela 和 Vilarrubia，2008）以及出口企业对自身盈利能力的不确定性（Albornoz et al. 2012）。在出口不确定性框架下，进入出口市场并不一定意味着企业能够负担出口固定成本，或者说这种市场进入可能不具有盈利性，并导致其快速退出。为此，本书对"成功"的市场进入行为做出更为严格的约束，分别定义为持续出口两年、三年和四年，并考察了出口存续期的影响效果。鉴于篇幅所限，表6 – 10仅报告了产品出口存续期一次项的发生比估计值，其他解释变量同前。通过对系数估计值的观察，本书发现：第一，无论如何定义"成功"的市场进入行为，也无论采取何种方案计算产品出口存续期，其发生比估计系数均在1%的水平上显著，且均大于1，进一步验证了出口存续期有助于开拓新的出口市场；第二，随着对"成功"的市场进入约束愈加严格，出口存续期对潜在出口市场开发的作用效果也越强，说明出口经验对成功的市场进入非常关键，并且产品在既有出口市场的存续期长短也影响了其在后续出口市场的存续状态。

表6-10 考虑出口不确定性的稳健性检验结果

| 变量名 | | (1) | (2) | (3) | (4) | (5) |
|---|---|---|---|---|---|---|
| | | 持续出口两年 | | | | |
| L.<br>D_{nkt} | VAL | 1.475 *** (26.62) | | | | |
| | VAL_DIST | | 1.980 *** (31.04) | | | |
| | VAL_DIST_β | | | 1.974 *** (30.86) | | |
| | VAL_GDPpc | | | | 1.887 *** (34.10) | |
| | VAL_GDPpc_β | | | | | 1.886 *** (34.06) |
| | R – squared | 0.162 | 0.168 | 0.168 | 0.170 | 0.170 |
| | N | 3101675 | 3101675 | 3101675 | 3101675 | 3101675 |
| | | 持续出口三年 | | | | |
| L.<br>D_{nkt} | VAL | 1.583 *** (23.91) | | | | |
| | VAL_DIST | | 2.224 *** (27.47) | | | |
| | VAL_DIST_β | | | 2.219 *** (27.35) | | |
| | VAL_GDPpc | | | | 2.130 *** (30.81) | |
| | VAL_GDPpc_β | | | | | 2.130 *** (30.80) |
| | R – squared | 0.178 | 0.186 | 0.187 | 0.188 | 0.189 |
| | N | 2922040 | 2922040 | 2922040 | 2922040 | 2922040 |

续表

| 变量名 | | (1) | (2) | (3) | (4) | (5) |
|---|---|---|---|---|---|---|
| | | | 持续出口四年 | | | |
| L.D_{nkt} | VAL | 1.690*** (22.50) | | | | |
| | VAL_DIST | | 2.492*** (25.57) | | | |
| | VAL_DIST_β | | | 2.487*** (25.47) | | |
| | VAL_GDPpc | | | | 2.365*** (28.78) | |
| | VAL_GDPpc_β | | | | | 2.368*** (28.79) |
| R-squared | | 0.191 | 0.200 | 0.200 | 0.202 | 0.202 |
| N | | 2775390 | 2775390 | 2775390 | 2775390 | 2775390 |

注：***、**、* 分别表示参数估计值在 1%、5%、10% 的统计水平显著，括号内为 Z 值。

## （三）考虑产品差异的稳健性检验

进一步，我们考虑出口存续期对出口市场的扩张效果是否存在产品差异。Rauch（1999）将国际贸易产品按价格信息的可获性分为三类：价格定期在专业出版物发布的产品、在有组织的商品交易所交易的产品和不可归类的差异产品。其中，前两类为同质产品。产品差异化程度越高，信息不对称性越强，供货方对需求方的偏好及需求状况了解程度越低，贸易受信息壁垒的影响越大，在建立贸易联系的过程中需要投入更多的搜寻和适应成本。因此，与同质产品相比，差异产品的前期出口经验越丰富，越能降低此类产品进入新出口市场的固定成本，更利于其出口市场扩张。为了验证这一逻辑，本书根据 Rauch（1999）设计的归类法，将样本产品分为同质产品与差异产品，在模型中引入差异产品变量（Productgroup，差异产品 = 1，否则为 0）及其与产品出口存续期的交乘项，回归结果见表 6 - 11。首先，差异产品变量的发生比估计值为 0.435 ~ 0.623，说明差异产品由于缺乏交易的组织性和价格信息的可获性，其出口市场的实现比同质产品更为困难。其次，差异产品变量与产品出口存续期交乘项的发生比估计值介于 1.068 ~ 1.222 之间，表明出口存续期能够有效降低差异产品的市场进入成本，弱化信息壁垒的阻碍作用。第三，引入市场相似性计算的产品出口存续期与差异产品变量交乘项的发生比估计值为 1.124 ~ 1.222，大于仅采用贸易规模为权重指标的产品出口存续期与差异产品变量交乘项的发生比估计值 1.068，说明在相似出口市场的经验积累能更大程度地促进差异产品的出口市场扩张。

表6-11 区分差异产品与同质产品的稳健性检验结果

| 变量名 | | (1) | (2) | (3) | (4) | (5) |
|---|---|---|---|---|---|---|
| L.D<sub>nkt</sub> | VAL | 1.319*** (27.63) | | | | |
| | VAL_DIST | | 1.580*** (29.74) | | | |
| | VAL_DIST_β | | | 1.572*** (29.32) | | |
| | VAL_GDPpc | | | | 1.544*** (33.72) | |
| | VAL_GDPpc_β | | | | | 1.540*** (33.41) |
| Productgroup*L.D<sub>nkt</sub> | VAL | 1.068*** (15.96) | | | | |
| | VAL_DIST | | 1.218*** (26.05) | | | |
| | VAL_DIST_β | | | 1.222*** (26.17) | | |
| | VAL_GDPpc | | | | 1.222*** (21.06) | |
| | VAL_GDPpc_β | | | | | 1.124*** (21.25) |
| L.D<sub>nkt</sub>² | VAL² | 0.989*** (-23.14) | | | | |
| | VAL_DIST² | | 0.968*** (-26.66) | | | |
| | VAL_DIST_β² | | | 0.968*** (-26.24) | | |
| | VAL_GDPpc² | | | | 0.978*** (-25.44) | |
| | VAL_GDPpc_β² | | | | | 0.978*** (-25.19) |
| | productgroup | 0.623*** (-6.96) | 0.437*** (-12.72) | 0.435*** (-12.77) | 0.608*** (8.01) | 0.609*** (7.99) |

148

续表

| 变量名 | (1) | (2) | (3) | (4) | (5) |
|---|---|---|---|---|---|
| lnGDP | 1.562***(115.53) | 1.564***(118.37) | 1.566***(118.79) | 1.607***(128.67) | 1.608***(128.55) |
| lnGDPpc | 0.925***(-26.38) | 0.940***(-19.58) | 0.939***(-19.97) | 0.885***(-42.70) | 0.885***(-42.79) |
| lnDiance | 0.816***(-27.38) | 0.853***(-20.28) | 0.852***(-20.38) | 0.816***(-26.83) | 0.817***(-26.76) |
| Rfe | 1.000***(-4.11) | 1.000***(-4.09) | 1.000***(-4.12) | 1.000**(-2.48) | 1.000**(-2.50) |
| Tariff | 0.996***(-10.25) | 0.996***(-10.37) | 0.996***(-10.40) | 0.995***(-11.20) | 0.995***(-11.25) |
| DM | 1.413***(20.92) | 1.432***(20.91) | 1.432***(21.87) | 1.392***(19.83) | 1.390***(19.73) |
| Product FE | √ | √ | √ | √ | √ |
| Year FE | √ | √ | √ | √ | √ |
| R-squared | 0.136 | 0.144 | 0.144 | 0.144 | 0.144 |
| N | 2842474 | 2842474 | 2842474 | 2842474 | 2842474 |

注：***、**、* 分别表示参数估计值在1%、5%、10%的统计水平显著,括号内为Z值。

# 第六节　本章小结

本章采用 1996—2016 年中国向 189 个国家（经济体）出口产品 HS-6 位数编码数据，从产品—市场层面测算了我国的潜在出口关系，并以多种方案量化出口存续期，探讨其对制造业产品出口市场扩张的影响效果，研究结论如下。第一，本书采用多种方案量化产品出口存续期，考虑到了出口规模差异，潜在出口市场与既有出口市场之间的相似关联，以及持续贸易关系与已中断贸易关系的区别。在各种计算方案下，已实现潜在出口关系的存续期均值显著高于未实现潜在出口关系的存续期均值，表明产品出口存续期是影响其进入潜在出口市场的关键因素。第二，本书运用 Logit 模型验证了产品出口存续期对潜在出口市场扩张的影响效果，发现产品出口存续期与潜在市场进入之间具有"倒 U 形"关系，出口存续期对潜在出口市场开发的促进作用会随时间而衰减，并且在超过一定的临界值后体现出抑制作用。在采用线性概率模型，并且对市场进入做出更为严格的约束后，均不影响结论的稳健性。第三，与同质产品相比，差异产品在进入新出口市场时需要支付更多的信息搜寻成本，其出口市场的实现比同质产品更为困难，而出口存续期能够有效降低市场进入固定成本，推动该类产品的出口市场扩张。第四，我国产品的出口市场扩张具有较强的路径依赖特征，沿相似市场进行地理拓展的成功率更高。

上述结论的政策启示在于：首先，出口市场多元化战略的实施应有方向性和规划性，目标出口市场的进入不一定要一蹴而就，依据市场相似性逐步延伸出口市场能在更大程度上利用前期出口经验降低出口固定成本，节约企业市场开发的投资费用，提高出口扩张的成功率和出口促进措施的有效性；其次，既然出口经验的获取主要是积累与市场相关的各种信息，加强信息外溢是帮助企业降低出口固定成本的有效途径，行业协会和贸易主管部门组织学习培训、强化有关出口市场信息的沟通，有助于发挥信息外溢机制，助推出口市场的快速与成功扩张；再次，我国是制造业出口大国，而高度差异化的产品又主要分布在制造业（吴小康，2015），因此稳定和扩大我国出口贸易更需要充分发挥"学习出口"效应，降低信息搜寻成本，促进出口市场开拓；最后，我们可能长期低估了贸易限制措施的负面效果，其不仅阻碍了当前的贸易关系，也限制了未来的出口市场扩张。这意味着积极推动贸易便利化，缓解和妥善处理贸易摩擦，参与区域经济一体化安排具有更为深远的政策意义。

第七章

# 出口存续期与潜在市场进入

—— 企业层面的机制验证

　　企业异质性理论模型将一国出口增长分解为扩展边际与集约边际（Melitz，2003；Bernard et al. 2003）。尽管既有文献在具体分解方法上由于研究出发点的不同而存在差异，但无论是宏观亦或微观层面，扩展边际均是指由建立新的贸易关系（新的出口企业、出口市场、出口产品，及其组合）带来的出口增长。出口市场多元化能够产生新的产品—市场对（product – market pair）或企业—市场对（firm – market pair）贸易关系，从而沿扩展边际实现出口增长。Schmeiser（2012）在对俄罗斯样本的研究中发现，持续出口企业进入新的出口目的地可以创造出惊人的出口份额。遗憾的是，出口市场多元化对我国贸易增长的驱动效能并未得到有效发挥。2010 年中国出口总额 17710 亿美元，约为 1995 年的 7.68 倍，其中可归于新创造贸易联系的贡献度仅 13.2%（Wang 和 Zhao，2013）。我国上一轮外向型经济的对外空间拓展以发达经济体为主，也说明我国在传统市场基础上，存在着向其他国家和地区扩张的巨大空间（戴翔和张二震，2017）。未来我国对外贸易的发展，要更加注重扩展边际对维持贸易大国地位的作用，出口市场多元化仍将是我国贸易发展的重要策略（强永昌和龚向明，2011）。在由 5782 个制造业出口企业与 160 个出口市场国组成的 925120 个企业—市场对出口关系中，经过基准期的筛选，2004 年共识别出 854824 个潜在出口关系，其中 39686 个潜在出口关系在 2004—2007 年间得到实现，至 2007 年底，仍有 815138 个潜在出口关系尚待实现，占全部出口关系的 88%。企业—市场对中大量零值贸易的存在意味着中国企业的出口增长仍有巨大的拓展空间有待挖掘，也佐证了中国政府以出口市场多元化作为稳定我国贸易大国地位的基本战略具有合理性。

## 第一节　引言及文献回顾

近年来，异质性企业理论的关注点已经由"企业为什么出口？""出口多少"向"企业选择哪些市场出口"发展演化，其背后的驱动力是学者对出口固定成本[①]认识的不断深化以及对理论假设与经验研究范式的不断修正。出口固定成本是企业出口时面临的最大障碍，在 Melitz（2003）模型中，由于出口市场的对称性假设，企业只存在出口状态的差异，而没有出口市场的区别。反观现实，企业—出口市场对中大量存在的零值贸易却是不争的事实。弥合理论与现实差距的突破口是承认不同市场出口固定成本的异质性。概括而言，出口固定成本一般包括非关税贸易壁垒、市场调查、构建国外配送网络、商务谈判及人员往来、适应国外标准等方面的投资和费用（张凤和孔庆峰，2013），其内容组成与特定市场具有高度相关性，承认不同出口市场差异性的出口固定成本是更符合现实的假设前提。在市场特定的异质性出口固定成本框架下，企业面对每一个潜在出口市场都会进行一次"自选择"，形成各个出口

---

① 值得注意的是，出口固定成本在不同文献中的提法略有不同，出口进入成本或出口沉没成本均有使用。

市场不同的零利润生产率进入门槛。根据企业生产率水平与各出口市场进入门槛的对比关系，出口市场可划分为可进入与不可进入两类，为企业—市场对中的零值贸易流提供了合理解释。

出口存续期影响企业出口市场选择的理论基础是"学习出口"效应的发挥。作为"干中学"思想在国际贸易领域的应用，"学习出口"效应强调企业在当前出口市场开展出口学习、积累出口经验，并通过降低潜在出口市场固定进入成本的方式，作用于企业出口市场扩张模式。出口存续期的概念由 Besedeš 和 Prusa（2006a）提出，贸易关系的持续时间从一个新视角反映了动态的贸易过程（陈勇兵，2012），作为企业出口经验的获取渠道和积累载体，其不仅区分了企业的出口与非出口状态，还反映了不同的出口历史。出口经验积累对出口固定成本的削减效果已经得到了经验研究的支持。Kneller 和 Pisu（2006、2007）在英国企业样本中识别到直接出口经验与特定市场出口固定成本之间显著的负相关关系，并认为"学习出口"效应能够帮助企业降低贸易成本，克服出口障碍。在"学习出口"效应作用下，市场特定的出口固定成本与企业出口经验形成关联，由仅取决于出口市场异质性的外生变量转变为企业—出口市场对联合特征效应的内生变量。那些曾经被视为企业"力所不能及"的出口市场因固定成本的削减也有了实现的可能。正如Schmeiser（2012）所指出，对于出口固定成本较高的市场，企业由于无法盈利会在初期选择放弃，但随着出口经验的积累，出口固定成本得到削减，企业最终将在这些市场实现盈利。

出口经验积累不仅加大了企业进入潜在出口市场的概率，还作用于企业出口市场扩张的方向。"学习出口"效应的存在说明企业在既有出口市场积累的出口经验能够套用于潜在出口市场，这种跨市场的出口信息溢出效应被 Muñoz - Sepúlveda 和 Rodriguez（2015）称为地理溢出，其溢出效果的强度取决于既有出口市场和潜在出口市场之间的相似性。Morales 等（2011）将企业当前出口市场与潜在出口市场之间的相似性称为扩展引力，并发现扩展引力降低了企业进入新市场的适应性成本。为了充分利用"学习出口"效应，企业在众多未涉足的出口市场中会刻意选择与既有出口市场相似的出口目的地，于是表现为出口扩张的路径依赖。

　　尽管已有文献从产品层面开创性地探索了出口存续期与潜在市场进入之间的因果效应，但企业视角的探讨是新新贸易理论最重要和无法回避的研究层面。产品层面的研究对象是生产同类产品所有企业行为的总和，可以视为一个狭小的细分行业，其经验研究结果融合了企业自身的出口经验积累以及行业内部跨企业的出口经验溢出效果，从而无法对"学习出口"效应本身进行精确量化。为了弥补这一缺陷，本书采用2000—2007 年中国出口企业样本数据，在企业出口存续期的计算方案中考虑了市场相似性和贸易关系间断期的影响，验证企业出口存续期与潜在出口市场进入之间的因果关系。本章余下部分结构安排如下：第二部分，识别企业层面潜在出口关系的数量和分布，并统计潜在出口关系的实现情况；第三部分，设计方案测算企业层面的出口存续期；第四部分，通过基准回归和稳健性检验实证研究企业出口存续期对潜在出口市场进入的影响效果；最后对本章内容进行总结。

## 第二节　企业潜在出口关系的识别

　　2001 年底，中国加入世界贸易组织，由此开启了我国出口高速增长的局面。根据测算，本书样本企业在 2001—2007 年间的年均出口增速高达21%，以中国加入世贸组织为时间节点，利用2000—2007年海关数据库对接相应年限的中国工业企业数据库作为样本数据来源，研究中国企业开拓出口市场的轨迹，符合研究需要。采用Rakhman（2011）的方法，本书以2000—2003年为4年基准期，筛选出持续出口，并可实现与中国工业企业数据库匹配的5782个基准企业[①]。同时，按照海关数据库覆盖的中国企业出口市场范围以及各国宏观数据的可获性，本书选择了160个国家（经济体）为基准出口市场国。因此总样本量包括5782个制造业企业，160个出口市场国，8年观测期，共计7400960个观测值。

本书将一个企业层面的出口贸易关系定义为企业—市场对，$xikt$为中国制造业企业$k$在$t$年对出口市场国$i$的出口额。如果在2000年至2003年的四年基准期中，$xikt$始终为0，则将此企业—市场对识别为2004年的一个潜在出口关系，在2004—2007年的四年中，将首次出现$xikt > 0$的年份识别为该潜在出口关系的实现期，并在此后的潜在出口关系统计中剔除该企业—市场对，视其为已经实现的潜在出口关系。

按照本文的测算，在由5782个制造业出口企业与160个出口市场国组成的925120个企业—市场对出口关系中，经过基准期的筛选，2004年共识别出854824个潜在出口关系，其中39686个潜在出口关系在2004—2007年间得到实现，至2007年底，仍有815138个潜在出口关系尚待实现，占全部出口关系的88%。可见，企业层面潜在出口关系的测算赋予了出口市场多元化战略更大的实施空间。企业潜在出口关系的逐年实现情况详见表7-1。表7-1第一列为当年识别出的潜在出口关系，第二列为当年实现的潜在出口关系，第三列为截至当年年末尚

---

① 此外，还剔除了工业企业数据库中出口额为0，但海关数据库中有出口业务申报，以及一些关键值缺失和有异常值的企业样本。

未实现的潜在出口关系，也即为下一年可识别的潜在出口关系。实现的潜在出口关系由 2004 年的 11200 个逐年递减至 2007 年的 8107 个，相对占比也由 1.3% 降至 0.98%，表明在企业持续扩张出口市场的过程中，后续市场开发的难度在不断加大。

表 7 - 1　2004—2007 年企业潜在出口关系的实现情况

| 年度 | (1)<br>潜在出口关系<br>（产品—市场对） | (2)<br>实现的潜在出口关系<br>占比[(2)/(1)] | (3)<br>未实现的潜在<br>出口关系[(1)-(2)] |
|---|---|---|---|
| 2004 | 854824 | 11200（1.30%） | 843624 |
| 2005 | 843624 | 10798（1.27%） | 832826 |
| 2006 | 832826 | 9581（1.15%） | 823245 |
| 2007 | 823245 | 8107（0.98%） | 815138 |

数据来源：作者根据海关数据库与中国工业企业数据库对接整理所得。

以海关数据库对企业所有制类型的划分标准为依据，本书分别统计了三资企业[①]、国有企业、集体企业和私营企业四类企业的潜在出口关系实现情况（见表 7 - 2）。由于各类企业的样本量相差较大，企业类型间的横向对比宜采用相对占比指标。表 7 - 2 第二列和第三列分别反映了 2004 年前后的出口市场开发情况。从潜在出口关系的占比来看，三资企业最高（93.2%），国有企业紧随其后（92.2%），集体企业和私营企业相差不大，约为 87%，说明在 2004 年以前，私营企业和集体企业的出口市场开发力度大于国有企业和三资企业。从潜在出口关系的实现情况来看，国有企业占比最高（8.4%），私营企业略低（7.4%），集体企业和三资企业均不足 5%，表明 2004 年以后，国有企业和私营

---

① 本书将外商独资企业、中外合资企业、中外合作企业归并为三资企业。

企业体现出较强的出口市场开发动能，而集体企业和三资企业的表现则相对欠佳。尽管通常认为外资企业与内资企业相比，具有天生的出口市场优势，但以上分析表明三资企业的出口市场范围却有更强的稳定性。本书还按照工业企业数据库中的企业地址代码信息将样本企业划分为东、中、西部企业①，并在表7-2中报告了三类企业的潜在出口关系实现情况。2004年以前，企业出口市场开发的区域性差异不大，三类企业的潜在出口市场占比均约为92%，但2004年之后，西部企业出口市场的开发强度与中、东部企业形成明显差距。

表7-2　2004—2007年企业潜在出口关系实现情况——按企业类型和地理位置细分

| 企业 | (1) | (2) | (3) | (4) |
|---|---|---|---|---|
| 分类标准 | 贸易关系 | 潜在出口关系<br>（产品—市场对）<br>占比[(2)/(1)] | 实现的潜在<br>出口关系<br>占比[(3)/(2)] | 未实现的潜在<br>出口关系<br>[(2)-(3)] |
| 三资企业 | 755520 | 703845（93.2%） | 29628（4.2%） | 674217 |
| 国有企业 | 55200 | 50883（92.2%） | 4279（8.4%） | 46604 |
| 集体企业 | 71360 | 62315（87.3%） | 2995（4.8%） | 59320 |
| 私营企业 | 42880 | 37622（87.7%） | 2784（7.4%） | 34838 |
| 合计 | 924960② | 854665（92.4%） | 39686（4.6%） | 815138 |
| 东部 | 853440 | 788342（92.4%） | 36798（4.7%） | 751544 |

---

① 东部地区包括北京、天津、河北、上海、辽宁、江苏、浙江、福建、山东、广东和海南，中部地区包括山西、吉林、黑龙江、安徽、江西、河南、湖北和湖南，西部地区包括四川、贵州、云南、西藏、陕西、甘肃、青海、宁夏、新疆、广西和内蒙古。
② 按照海关数据库的分类，有160个贸易关系属于其他企业类型，因分类模糊，本表不再报告其潜在出口关系实现情况。

续表

| 企业<br>分类标准 | (1)<br>贸易关系 | (2)<br>潜在出口关系<br>（产品－市场对）<br>占比［(2)/(1)］ | (3)<br>实现的潜在<br>出口关系<br>占比［(3)/(2)］ | (4)<br>未实现的潜在<br>出口关系<br>［(2)－(3)］ |
|---|---|---|---|---|
| 中部 | 43360 | 40178（92.7%） | 1946（4.8%） | 38232 |
| 西部 | 28320 | 26304（92.8%） | 942（3.8%） | 25362 |
| 合计 | 925120 | 854524（92.4%） | 39686（4.6%） | 815138 |

数据来源：作者根据海关数据库与中国工业企业数据库对接整理所得。

依据中国工业企业数据库中的企业所属行业代码，本书选取了制造业细分行业两位数代码13～43（不包括38）的29个子行业，并统计了各细分行业的潜在出口关系实现情况（见表7-3）。潜在出口关系占比最低，即2004年之前出口市场开发情况最好的十个行业分别为金属制品业（72%），文教体育用品制造业（87.4%），电子及通信设备制造业（89.7%），武器弹药制造业（89.8%），其他制造业（90%），化学纤维制造业（90.1%），仪器仪表及文化、办公用机械制造业（90.2%），非金属矿物制品业（90.2%），化学原料及化学制品制造业（90.9%），橡胶制品业（91.4%）。潜在出口关系占比最高，也即2004年之前出口市场开发强度最弱的十个行业分别为专用设备制造业（98.2%）、食品加工业（96.1%）、服装及其他纤维制品制造业（95.6%）、食品制造业（95.4%）、造纸及纸制品业（95.2%）、石油加工及炼焦业（94.3%）、木材加工及竹、藤、棕、草制品业（94%）、家具制造业（93.7%）、饮料制造业（93.3%）、黑色金属冶炼及压延加工业（93%）。

实现的潜在出口关系占比最高，也即2004年之后出口市场开发情况最好的前十个行业分别为金属制品业（7.2%），黑色金属冶炼及压延加工业（6.9%），化学纤维制造业（6.7%），文教体育用品制造业（6.4%），武器弹药制造业（6.4%），印刷和记录媒介的复制业（6.1%），橡胶制品业（5.8%），专用设备制造业（5.7%），电子及通信设备制造业（5.7%），仪器仪表及文化、办公用机械制造业（5.4）；而实现的潜在出口关系占比最低的前十个行业分别为食品加工业（2.2%），饮料制造业（2.4%），石油加工及炼焦业（2.4%），食品制造业（2.5%），造纸及纸制品业（2.9%），服装及其他纤维制品制造业（3.3%），木材加工及竹、藤、棕、草制品业（3.3%），其他制造业（3.4%），家具制造业（3.6%），皮革、毛皮、羽绒及其制品业（4.4%）。

概括而言，金属制品业、化学纤维制造业、文教体育用品制造业、武器弹药制造业、橡胶制品业、电子及通信设备制造业、仪器仪表及文化办公用机械制造业保持了出口市场开发优势；黑色金属冶炼及压延加工业、印刷和记录媒介的复制业、专用设备制造业的市场开发能力取得了一定突破；食品加工业、饮料制造业、石油加工及炼焦业、食品制造业、造纸及纸制品业、服装及其他纤维制品制造业、木材加工及竹藤棕草制品业、家具制造业的市场开发劣势有所延续。

表7-3　2004—2007年企业潜在出口关系实现情况——按制造业行业细分

| 制造业<br><br>行业分类 | （1）<br><br>贸易关系 | （2）<br>潜在出口关系<br>（产品—市场对）<br>占比[（2）/（1）] | （3）<br>实现的潜在<br>出口关系<br>占比[（3）/（2）] | （4）<br>未实现的潜在<br>出口关系<br>[（2）-（3）] |
|---|---|---|---|---|
| 13 食品加工业 | 62720 | 60274（96.1%） | 1329（2.2%） | 58945 |
| 14 食品制造业 | 26560 | 25353（95.4%） | 649（2.5%） | 24704 |
| 15 饮料制造业 | 5440 | 5076（93.3%） | 123（2.4%） | 4953 |

续表

| 制造业<br><br>行业分类 | (1)<br><br>贸易关系 | (2)<br><br>潜在出口关系<br>（产品—市场对）<br>占比[(2)/(1)] | (3)<br><br>实现的潜在<br>出口关系<br>占比[(3)/(2)] | (4)<br><br>未实现的潜在<br>出口关系<br>[(2)-(3)] |
|---|---|---|---|---|
| 17 纺织业 | 86560 | 80311（92.8%） | 3792（4.7%） | 76519 |
| 18 服装及其他纤维制品制造业 | 92640 | 88572（95.6%） | 2938（3.3%） | 85634 |
| 19 皮革、毛皮、羽绒及其制品业 | 40960 | 37902（92.5%） | 1684（4.4%） | 36218 |
| 20 木材加工及竹、藤、棕、草制品业 | 18720 | 17597（94.0%） | 597（3.3%） | 17006 |
| 21 家具制造业 | 20000 | 18751（93.7%） | 683（3.6%） | 18068 |
| 22 造纸及纸制品业 | 5440 | 5182（95.2%） | 152（2.9%） | 5030 |
| 23 印刷和记录媒介的复制业 | 2880 | 2638（91.6%） | 161（6.1%） | 2477 |
| 24 文教体育用品制造业 | 44320 | 38746（87.4%） | 2518（6.4%） | 36228 |
| 25 石油加工及炼焦业 | 640 | 604（94.3%） | 15（2.4%） | 592 |
| 26 化学原料及化学制品制造业 | 42080 | 38252（90.9%） | 1850（4.8%） | 36402 |
| 27 医药制造业 | 16000 | 14675（91.7%） | 741（5.0%） | 13934 |
| 28 化学纤维制造业 | 1440 | 1298（90.1%） | 88（6.7%） | 1210 |
| 29 橡胶制品业 | 13120 | 11993（91.4%） | 706（5.8%） | 11287 |
| 30 塑料制品业 | 28640 | 26362（92%） | 1229（4.6%） | 25133 |
| 31 非金属矿物制品业 | 53760 | 48529（90.2%） | 2481（5.1%） | 46048 |
| 32 黑色金属冶炼及压延加工业 | 4480 | 4169（93.0%） | 290（6.9%） | 3879 |

续表

| 制造业<br><br>行业分类 | (1)<br><br>贸易关系 | (2)<br><br>潜在出口关系<br>（产品—市场对）<br>占比[（2）/（1）] | (3)<br><br>实现的潜在<br>出口关系<br>占比[（3）/（2）] | (4)<br><br>未实现的潜在<br>出口关系<br>[（2）-（3）] |
|---|---|---|---|---|
| 33 有色金属冶炼及压延加工业 | 7360 | 6833（92.8%） | 301（4.4%） | 6532 |
| 34 金属制品业 | 54880 | 39514（72.0%） | 2856（7.2%） | 47271 |
| 35 普通机械制造业 | 64320 | 59765（92.9%） | 2899（4.8%） | 56866 |
| 36 专用设备制造业 | 22400 | 22013（98.2%） | 1263（5.7%） | 19650 |
| 37 交通运输设备制造业 | 30080 | 27932（92.8%） | 1464（5.2%） | 26468 |
| 39 武器弹药制造业 | 51840 | 46562（89.8%） | 3019（6.4%） | 43543 |
| 40 电气机械及器材制造业 | 43040 | 39761（92.3%） | 1769（4.4%） | 37992 |
| 41 电子及通信设备制造业 | 21280 | 19090（89.7%） | 1095（5.7%） | 17995 |
| 42 仪器仪表及文化、办公用机械制造业 | 58720 | 52971（90.2%） | 2884（5.4%） | 50087 |
| 43 其他制造业 | 160 | 144（90.0%） | 5（3.4%） | 139 |
| 合计 | 920480 | 840869（91.3%） | 39581（4.7%） | 810810 |

数据来源：作者根据海关数据库与中国工业企业数据库对接整理所得。

　　按照世界银行对各国收入水平的划分标准，本书报告了高收入、中高收入、中低收入和低收入①四类国家的潜在出口关系特征（见表 7 - 4）。2004 年之前，潜在出口关系表现出明显的收入阶梯性，高收

---

　　① 依据 2007 年版世界银行《World development indicators》划分。

入国家的潜在出口关系显著低于其他三类国家。在 2004 年之后，这一局面得到延续，实现的潜在出口关系依照收入水平逐级递减，高收入国家（8.9%）与低收入国家（1.2%）形成了较大反差，说明我国企业在扩张出口市场时，优先选择的仍然是发达经济体。此外，本书还按地理位置①，将出口市场国划分为亚洲、北美洲、大洋洲及太平洋群岛、拉丁美洲、欧洲、非洲六个区位。2004 年之前出口市场开发最为充分的三个地区依次为北美洲（49.4%）、亚洲（87.9%）和欧洲（88.8%）；开发程度最弱的三个地区依次为非洲（98.6%）、拉丁美洲（95.7%）和大洋洲及太平洋群岛（93.4%）。2004 年以后，北美洲（29.4%）、欧洲（8.08%）和亚洲（6.1%）出口市场开发程度较高；非洲（1.3%）、大洋洲及太平洋群岛（3.4%）和拉丁美洲（3.6%）的开发程度较弱。上述分析表明，欧美等发达经济体以及与中国邻近的亚洲市场仍是我国企业出口市场扩张的主要方向。

表 7 – 4 2004—2007 年企业潜在出口关系实现情况——按出口目的地细分

| 出口市场国 | （1）<br>贸易关系 | （2）<br>潜在出口关系<br>（产品 – 市场对）<br>（占比[（2）/（1）]） | （3）<br>实现的潜在<br>出口关系<br>（占比[（3）/（2）]） | （4）<br>未实现的潜在<br>出口关系<br>[（2）-（3）] |
|---|---|---|---|---|
| 高收入 | 254408 | 210207（82.6%） | 18898（8.9%） | 191309 |
| 中高收入 | 179242 | 167896（93.6%） | 9153（5.4%） | 158743 |
| 中低收入 | 237062 | 225976（95.3%） | 8554（3.7%） | 217422 |
| 低收入 | 242844 | 239186（98.4%） | 3074（1.2%） | 236112 |
| 合计 | 913556② | 843265（76.2%） | 39679（4.7%） | 803586 |

① 本章中出口市场国地理位置的划分依据为《中国统计年鉴》的国家地理位置划分标准。

② 由于部分出口目的地收入分类缺失，此处仅有 913556 个贸易关系。

| 出口市场国 | （1）<br>贸易关系 | （2）<br>潜在出口关系<br>（产品-市场对）<br>（占比[（2）/（1）]） | （3）<br>实现的潜在<br>出口关系<br>（占比[（3）/（2）]） | （4）<br>未实现的潜在<br>出口关系<br>[（2）-（3）] |
|---|---|---|---|---|
| 亚洲 | 231280 | 203329（87.9%） | 12421（6.1%） | 190908 |
| 北美洲 | 11564 | 5713（49.4%） | 1683（29.4%） | 4030 |
| 大洋洲及太平<br>洋群岛 | 52038 | 48637（93.4%） | 1665（3.4%） | 46972 |
| 拉丁美洲 | 185024 | 177180（95.7%） | 6506（3.6%） | 170674 |
| 欧洲 | 196588 | 174696（88.8%） | 14131（8.08%） | 160565 |
| 非洲 | 248626 | 245269（98.6%） | 3280（1.3%） | 241989 |
| 合计 | 925120 | 854824（92.4%） | 39686（4.6%） | 815138 |

数据来源：作者根据海关数据库、WDI数据库整理所得。

## 第三节　企业出口存续期的测算

令 $k=1$，…，$K$ 代表出口企业，$i=1$，…，$I$ 表示全部出口市场国，$t=1$，…，$T$ 表示年度，$x_{ikt}$ 为企业 $k$ 在 $t$ 年对出口市场国 $i$ 的出口额。以 $m=1$，…，$M$ 表示企业 $k$ 已经实现的出口市场国，定义为至第 $t$ 期（包括 $t$ 期）至少有一年 $x_{mkt}>0$。以 $n=1$，…，$N$ 表示潜在出口市场国，定义为至第 $t$ 期，均不存在 $x_{nkt}>0$。以 $D_{ikt}$ 表示中国企业 $k$ 截至 $t$ 期在出口市场国 $i$ 的出口存续期，定义为样本期内距离 $t$ 期最近，且连续 $x_{ikt}>0$ 的持续时间段。由于同一企业会出口到多个市场，并且各市场的出口存续期往往并不一致，因此企业层面出口存续期的计算需要对各市场不同的存续时间取平均值，根据研究需要，本书设计了两种加权平均的计算方案①。

## 一、考虑市场相似性的企业出口存续期测算

潜在出口市场与既有出口市场的相似性会影响企业的出口市场扩张路径，形成"路径依赖"，这种相似性可以体现在地理空间、文化、经济、语言等多个方面（Eaton et al. 2007；Morals et al. 2011；Defever et al. 2015；Fabling et al. 2012；Wang & Zhao，2013；綦建红和冯晓洁，2014；林常青和许和连，2017）。出口市场扩张的"路径依赖"现象说明企业对出口目的地的选择并非是随机的，前期出口经验的获取地点与潜在出口市场越相似，出口经验的信息价值越大，越利于降低出口市场进入的固定成本，帮助企业跨越零利润生产率门槛，实现成功的市场开拓，因而企业更倾向于选择与前期出口市场相似的出口目的地。为了刻画企业既有出口市场与潜在出口市场的关联，有必要引入市场相似性变量作为权重指标计算企业出口存续期。本书选择了文献普遍使用的地理距离与经济发展水平差异作为测度市场相似性的代理指标，以人口最密集城市间地理距离的倒数量化出口市场的地理相似性，以人均 GDP 差距的倒数量化出口市场的收入相似性。在考虑市场相似性后，企业出口存续期可表示为：

---

① Rakhman（2011）、陈勇兵等（2014）在计算产品出口存续期时引入了贸易规模作为权重变量，这一做法虽然有其合理性，但并不适用企业层面的出口存续期计算。由于企业层面已实现的出口市场数目极低，经测算，实现的贸易关系占比约为12%，使得贸易规模的权重指标显著大于市场相似性的权重指标，二者取平均值后会使市场相似性信息被贸易权重信息所掩盖，因而本书并未引入贸易规模权重指标。

$$D_{nkt\_\,DIST/GDPpc} = \sum_{i=1}^{I} \left( \frac{w_{nit} * D_{ikt}}{\sum\limits_{i=1}^{I} w_{nit}} \right) \tag{7.1}$$

其中，$D_{nkt\_\,DIST/GDPpc}$ 是采用地理距离的倒数或出口市场国人均 GDP 差距的倒数作为权重指标计算的企业出口存续期。$w_{nit}$ 是衡量潜在出口市场 $n$ 与既有出口市场 $i$ 在第 $t$ 期相似性的变量。以地理距离的倒数为权重时，记为 $D_{nkt\_\,DIST}$，以人均 GDP 差距的倒数为权重时，记为 $D_{nkt\_\,GDPpc}$。在引入市场相似性作为权重指标后，企业出口存续期的计算结果为企业—年—出口市场数据结构，即企业 $k$ 在 $t$ 年针对不同的潜在出口市场具有不同的 $D_{nkt\_\,DIST/GDPpc}$。

## 二、考虑出口经验时效性的企业出口存续期测算

企业与出口市场的贸易联系有中断的可能，一旦贸易联系中断，企业在该市场积累的出口经验会因为信息的"过时"而失去时效性，其对于新市场开发的借鉴价值也会随之"打折"。Roberts 和 Tybout（1997）采用哥伦比亚 1981—1989 年制造业企业数据的研究结果表明出口经验对企业出口倾向有重要影响，退出出口市场一年的企业再次进入出口市场的成本明显低于首次进入的企业，但退出出口市场超过一年的企业在出口固定成本上与首次进入的企业差距不大。因此，他们认为出口固定成本存在的重要原因是企业需要积累需求信息，当企业退出市场后，这些信息会因过时而失去价值。Özleret 等（2009）将近期的出口经验定义为在 t–1 期有出口，将过去的出口经验定义为 t–2 期有出口，而 t–1 期不出口，他们发现尽管过去和近期的出口市场参与对当前的出口决策都起到作用，但前者的重要性会减弱。因此，还有必要反映出口经验的时效性，在计算企业出口存续期时区分当前和过去（不再持

续）的出口关系。本书将样本期内距离当期最近的持续出口时间段定义为出口存续期，其优点在于可以根据出口存续期与当期之间的间隔期，赋予其逐年贬值的折扣率 β，本书选择采用 0.75 的折扣率，Fabling 等（2012）对有间隔期的出口经验也采取了类似的"贬值"处理。考虑出口经验的时效性后，企业出口存续期的计算方案在（7.1）式的基础上继续变形为：

$$D_{nkt\_ DIST/GDPpc\_ \beta} = \sum_{i=1}^{I} \left( \frac{w_{nit} * (D_{ikt} * \beta^{t-\tau})}{\sum_{i=1}^{I} w_{nit}} \right) \qquad (7.2)$$

$$2000 < \tau \leqslant t \qquad (7.3)$$

其中，$\tau$ 是最近一期 $x_{ikt} > 0$ 的年限，$\tau < t$ 表示已经中断的贸易关系，$\tau = t$ 则为持续至当期的贸易关系。当以地理距离的倒数为权重时，记为 $D_{nkt\_ DIST\_ \beta}$，以人均 GDP 差距的倒数为权重时，记为 $D_{nkt\_ GDPpc\_ \beta}$。在对已中断的出口存续期赋予折扣率后，企业出口存续期的数据结构同样表现为企业—年—出口市场特征。

根据上述企业层面出口存续期的测算方法，本书基于不同方案计算了企业出口存续期，表 7 - 5 报告了企业出口存续期均值的年度特征，在各种计算方案下，企业出口存续期均值逐年上升，引入地理距离相似性的计算结果由 0.181 增长至 0.304，引入收入水平相似性的计算结果由 0.190 增长至 0.282，在对中断的贸易存续期进行折算后，相应存续期指标略有降低。造成企业层面出口存续期均值较低的原因一是受制于数据可获性，本书样本期的长度仅为 8 年，二是本书采取了将企业在已实现出口市场上的存续期对全部出口市场进行平均的做法①，而企业层

---

① 不同企业的已实现出口市场国数目 M 差别巨大，因此将 $D_{ikt}$ 在所有出口市场国 I 而非已实现出口国市场 M 上进行平均。

面已实现的出口市场数目较低，摊薄了平均值。

表 7 - 5　企业出口存续期均值的年度特征

| $D_{nkt}$<br>计算方案 | 2004 | 2005 | 2006 | 2007 | 全样本 |
|---|---|---|---|---|---|
| DIST | 0.181 | 0.223 | 0.264 | 0.304 | 0.243 |
| DIST_ β | 0.163 | 0.197 | 0.230 | 0.259 | 0.212 |
| GDPpc | 0.190 | 0.218 | 0.261 | 0.282 | 0.238 |
| GDPpc_ β | 0.172 | 0.194 | 0.228 | 0.241 | 0.209 |

数据来源：作者根据海关数据库整理所得。

# 第四节　典型化事实与模型构建

## 一、典型化事实

本书分别汇报了全样本、潜在出口关系、已实现潜在出口关系和未实现潜在出口关系的出口存续期均值（计算结果见表 7 - 6）。在各种计算方案下，已实现潜在出口关系的存续期均值显著高于未实现潜在出口关系的存续期均值，提示企业出口存续期的时间长度是影响企业能否进入潜在出口市场的关键因素。本书还进一步细分了企业的所有制类型和地理区位，以及出口市场国的收入水平和地理区位，并对比了各子样本已实现潜在出口关系和未实现潜在出口关系的出口存续期长度（详见附录），在各类子样本中前者大于后者的特征均十分稳健。

表7-6　全样本企业出口存续期均值

| $D_{nkt}$ 计算方案 | 全样本 | 潜在出口关系 | 已实现潜在出口关系 | 未实现潜在出口关系 |
|---|---|---|---|---|
| DIST | 0.243 | 0.171 | 0.576 | 0.152 |
| DIST_ β | 0.212 | 0.149 | 0.519 | 0.131 |
| GDPpc | 0.238 | 0.186 | 0.578 | 0.167 |
| GDPpc_ β | 0.209 | 0.162 | 0.523 | 0.145 |
| 样本量 | 3700480 | 3419296 | 158744 | 3260552 |

数据来源：作者根据海关数据库整理所得。

## 二、模型构建和变量选择

令 $S_{nkt}$ 为企业 $k$ 在 $t$ 年能否出口到潜在出口市场国 $n$ 的一个二值哑变量，即

$$S_{nkt} = \begin{cases} 1, & x_{nkt} > 0 \\ 0, & x_{nkt} = 0 \end{cases} \quad (7.4)$$

本书关注企业出口存续期对其进入潜在出口市场决策的影响效果，构建 Logit 回归模型如下：

$$\Pr(S_{nkt} = 1) = f(D_{nkt}, z) \quad (7.5)$$

其中，核心解释变量 $D_{nkt}$ 是企业 $k$ 针对潜在出口市场国 $n$ 的出口存续期，$z$ 为其他控制变量的向量集。依据既有理论模型和经验研究的结论，本书引入的控制变量主要包括了企业层面的特征变量和引力模型变量：企业全要素生产率（Tfp）、企业规模（lnL）、出口市场国国内生产总值（lnGDP）、出口市场国人均国内生产总值（lnGDPpc），中国与出口市场国之间的地理距离（lnDistance）、出口市场国的汇率波动率

（Rfe）、出口市场国的进口关税水平（Tariff）、出口市场国是否为东盟成员国哑变量（DM），$\mu_{nkt}$ 为标准误，具体的回归模型可表示为：

$$\Pr(S_{nkt} = 1) = \alpha_0 + \alpha_1 D_{nkt} + \alpha_2 Tfp_{kt} + \alpha_3 \ln L_{kt} + \alpha_4 \ln GDP_{nt} + \alpha_5 \ln GDPpc_{nt} + \alpha_6 \ln Distance_{nt} + \alpha_7 Rfe_{nt} + \alpha_8 Tariff_{nt} + \alpha_9 DM_{nt} + \mu_{nkt} \quad (7.6)$$

企业生产率是新新国际贸易理论中决定企业出口状态的关键因素，Melitz（2003）认为只有生产率足够高的企业才能克服出口市场的固定成本成为出口企业。考虑到出口固定成本的市场异质性后，Damijian 等（2004）、Wakasugi 和 Tanaka（2009）、Lawless（2009）、Greenaway 等（2008）、Sheard（2011）的实证研究发现了企业生产率与出口目的地数量的正向相关关系。但也有国内学者认为中国存在"生产率悖论"现象，即出口企业的生产率反而低于非出口企业（李春顶，2010；戴觅等，2011），并将其解释为纯出口企业中大量的加工贸易类企业拉低了企业平均生产率，实证结果也表明在剔除加工贸易类企业后，"生产率悖论"现象随之消失。鉴于本书在原始样本处理过程中剔除了企业的加工贸易数据，因此预期企业生产率变量的回归结果为正。企业生产率变量（Tfp）的计算采用索罗余值法，使用了工业总产值、固定资产净值年均余额、全部从业人员平均人数、工业中间投入等指标数据。

新贸易理论认为规模较大的企业在规模经济作用下更容易凭借成本优势实现出口，同时大规模企业往往兼具技术、资金、人才等优势，以帮助其克服出口市场进入成本及风险等不利因素。并且由于需要通过多个出口市场实现产品分销，大规模企业扩张出口市场的意愿也会更强。本书的企业规模变量（lnL）沿袭国际经济学文献常用的做法，采用企业平均从业人数表示，预期符号为正。

出口市场国经济规模（lnGDP）用其国内生产总值表示，经济总量越大的市场进口规模也越大，提高了企业进入出口目的地的概率，预期回归结果为正；出口市场国人均国内生产总值（lnGDPpc）代表其经济发展水平，收入水平越高的国家需求越旺盛，因此在通常的贸易引力模型中对该指标的回归结果预期为正。但本书以潜在出口市场进入为研究对象，与引力模型研究的贸易流量有所不同。依据前文所述，由于中国对富裕经济体的市场开发在前期已较为充分，我国企业的出口市场扩张路径可能会沿着收入阶梯向下拓展，因此该变量的回归结果也可能为负。中国与出口市场国的地理距离（lnDistance）在贸易引力模型被视作可变贸易成本的代理变量，较高的可变贸易成本是阻碍新贸易关系产生的重要因素，该变量在引力模型中的回归结果通常为负。但企业在不断开发潜在出口市场的过程中，往往会采取由近及远的方式，新进入的出口市场很可能是距离中国更远的市场，因而该变量的回归结果也有为正的可能。出口市场国的汇率波动率（Rfe）用出口市场国本币对美元汇率相对前一期的变动率表示，汇率波动率上升表示该国货币相对前一期贬值，不利于中国产品出口，预期回归结果为负；出口市场国进口关税水平（Tariff）用出口市场国行业进口关税税率表示。本书按HS－6位数编码查询到出口市场国进口产品关税，再将产品对应到相应的中国制造业行业，并对行业内的产品关税税率进行简单平均。进口关税是可变贸易成本的重要组成部分，预期关税变量回归结果为负；东盟成员国（DM）为虚拟变量，如果出口市场国是东盟成员国，赋值为1，反之为0。国际经济一体化组织通过促进贸易便利化的谈判和协议推动贸易关系实现，预期回归结果为正。上述变量中，L、GDP、GDPpc、Distance均取自然对数值后引入模型估计，此外为了控制不可观测的因素，还引入了行业、地区和年份虚拟变量。上述指标的原始数据来源于海关数据库、中国工业企业数据库、WDI数据库和CEPII数据库，具体变量说明和描述性统计见表7－7。

表7-7　变量说明及描述性统计

| 变量名 | 变量说明 | 预期符号 | N | 均值 | 标准差 | 最小值 | 最大值 |
|---|---|---|---|---|---|---|---|
| $D_{nkt}$ | 企业出口存续期 | + | | | | | |
| DIST | 以地理距离的倒数作为权重指标 | + | 3700480 | 0.24 | 0.42 | 0.00 | 7.81 |
| DIST_β | 以地理距离的倒数作为权重指标,并对贸易同隔期附加折扣率 | + | 3700480 | 0.21 | 0.39 | 0.00 | 7.81 |
| GDPpc | 以出口市场国收入差距的倒数作为权重指标 | + | 3700480 | 0.23 | 0.52 | 0.00 | 7.97 |
| GDPpc_β | 以出口市场国收入差距的倒数作为权重指标,并对贸易同隔期附加折扣率 | + | 3700480 | 0.20 | 0.49 | 0.00 | 7.97 |
| Tfp | 索罗余值法计算 | + | 3031840 | 1.46 | 0.30 | -1.38 | 6.41 |
| lnL | 企业从业人员取自然对数 | + | 3036640 | 5.49 | 1.17 | 2.07 | 11.08 |
| lnGDP | 出口市场国国内生产总值取自然对数 | + | 3567494 | 23.83 | 2.35 | 18.44 | 30.30 |
| lnGDPpc | 出口市场国国内人均国内生产总值取自然对数 | ? | 3567494 | 8.14 | 1.63 | 4.84 | 11.35 |
| lnDistance | 中国与出口市场国双边地理距离取自然对数 | ? | 3677352 | 8.983 | 0.56 | 6.69 | 9.86 |
| Rfe | 出口市场国本币对美元汇率相对前一期的变动率 | - | 3203228 | -2.28e+10 | 4.28e+11 | -9.98e+12 | 1.00 |
| Tariff | 出口市场国行业进口关税水平 | - | 1956043 | 11.42 | 8.92 | 0.00 | 195.3 |
| DM | 出口市场国是否为东盟成员国 | - | 3700480 | 0.06 | 0.24 | 0.00 | 1.00 |

数据来源：作者根据中国海关数据库、中国工业企业数据库、CEPII数据库和WDI数据库相关变量整理所得。

# 第五节　实证结果分析

## 一、基准回归分析

表7-8呈现了公式（7.6）的回归结果，为了便于对回归系数的解释，本书中 Logit 模型的估计结果以发生比率（Odds Ratios）的形式报告，即回归系数的自然指数。发生比率在测量关联时可以给予清楚的解释，大于1的发生比率表明自变量对事件概率有正向作用；小于1的发生比率表示自变量对事件概率有负向作用；1是揭示关联的界限值，表示变量对事件概率无作用。表7-8第（1）～（4）列分别报告了基于不同方案计算的企业出口存续期对潜在出口市场进入的影响效果，其中第（1）～（2）列以潜在出口市场与既有出口市场之间地理距离的倒数作为权重指标；第（3）～（4）列以潜在出口市场与既有出口市场之间收入差距的倒数作为权重指标；第（2）和（4）列还对距当期有时间间隔的企业出口存续期逐年附加了0.75的折扣率。无论采用何种计算方案，本书关注的核心解释变量企业出口存续期的发生比率均在1%的水平上显著，估计值介于1.89~61.20之间，证明企业出口存续期越长，企业进入出口目的地的概率越大①，与前文的机制分析及预期相符。

---

① 在上一章中，产品层面出口存续期与潜在出口市场进入的关系表现为"倒 U 形"，约5%的产品出口存续期因位于"倒 U 形"的右侧而体现出对新出口市场进入的抑制作用，对此合理的解释是这部分出口存续期过长的产品为老产品，由于难以与新出口市场的需求特征相匹配，较新产品的市场开发更为困难。在本章中，企业层面出口存续期与潜在出口市场进入之间是正向的线性关系，与产品层面的"倒 U 形"并不一致，原因在于，我们并不能以企业出口存续期判断企业是否为新、老企业（本书企业样本的出口存续期最长仅为 8 年），并且企业的年龄与出口市场开发难易程度的必然联系也未得到文献的支撑。

表7-8　基准回归结果

| | | (1) | (2) | (3) | (4) |
|---|---|---|---|---|---|
| $D_{nkt}$ | DIST | 46.40***(164.86) | | | |
| | DIST_β | | 61.20***(167.93) | | |
| | GDPpc | | | 1.89***(61.24) | 1.91***(60.44) |
| | GDPpc_β | | | | |
| | Tfp | 1.11***(3.60) | 1.07**(2.27) | 1.36***(12.48) | 1.36***(12.42) |
| | lnL | 1.02***(2.93) | 1.01**(2.37) | 1.34***(41.24) | 1.34***(41.75) |
| | lnGDP | 1.79***(103.64) | 1.81***(104.45) | 1.81***(113.65) | 1.81***(113.39) |
| | lnGDPpc | 1.17***(19.13) | 1.16***(17.87) | 0.95***(-5.28) | 0.96***(-4.44) |
| | lnDistance | 1.21***(13.47) | 1.22***(14.21) | 1.01(1.30) | 1.01(1.18) |
| | Rfe | 1***(5.51) | 1***(3.17) | 1***(3.18) | 1***(3.26) |
| | Tariff | 0.98**(-12.43) | 0.98***(-12.35) | 0.98***(-11.24) | 0.98***(-11.17) |
| | DM | 1.57***(17.08) | 1.56***(16.75) | 1.68***(21.41) | 1.68***(21.47) |
| | 行业 | √ | √ | √ | √ |
| | 省区 | √ | √ | √ | √ |
| | 年份 | √ | √ | √ | √ |
| | Pseudo R2 | 0.2852 | 0.2922 | 0.1552 | 0.1546 |
| | N | 1409445 | 1409445 | 1409445 | 1409445 |

注：①***、**、*分别表示参数估计值在1%、5%、10%的统计水平显著，括号内为Z值；②我们虽也尝试在回归方程中加入了企业出口存续期的二次项，以判断灵活是否存在非线性关系，但遗憾的是，回归结果并不收敛。

值得注意的是，不同计算方案下的回归结果差异较大。以地理相似性作为权重指标计算的出口存续期侧重于反映企业在与潜在出口市场邻近的既有出口市场中获取的出口经验，其发生比率显著偏高，约为46.40~61.20，表明地理扩张模式是我国企业拓展出口市场的主要路径。引入收入相似性作为权重指标计算的出口存续期侧重于反映企业在与潜在出口市场收入相近的既有出口市场中获取的出口经验，发生比率虽大于1，但与前一种计算方案的回归结果相比明显偏低，约为1.89~1.91，可能的原因在于与既有出口市场收入相近的潜在出口市场是一个范围较广的出口市场集，对企业后续的出口市场扩张缺乏明确的指向性。

其他企业层面变量的估计结果为：企业全要素生产率的发生比率显著大于1，符合新新国际贸易理论的主张，在剔除加工贸易数据后，本书也未发现"生产率悖论"现象，表明生产率不仅是区分内销企业与出口企业的关键变量，也是企业出口市场多元程度的决定因素。企业规模变量的发生比率在1.01~1.34之间，与大规模企业具有更强的出口市场扩张动力和开拓能力相符。

引力模型变量的估计结果为：出口市场国国内生产总值的发生比率在1.79~1.81之间，经济规模越大的出口市场国，进口体量越大，对我国出口企业的吸引力越高，也更利于出口企业进入。人均国内生产总值的优势比估计值虽在（1）~（2）列中显著大于1，但在（3）~（4）列中却显著小于1。我们对此的理解是，（1）~（2）列反映了企业出口市场扩张的地理模式，企业在既有出口市场的周边选择目标出口市场时，会更倾向于人均收入水平较高的出口目的地。而（3）~（4）反映的是企业出口市场扩张的收入阶梯模式，我国企业沿着收入阶梯向下拓展出口市场，既有出口市场的人均收入水平往往高于潜在出口市场，因而企业只能在人均收入水平更低的出口市场国之中选择出口目的地。中国与出口市场国地理距离的优势比估计值在 1.01～1.22 之间，并且仅在第（1）～（2）列中显著，这一结果意味着，对潜在出口市场开拓更重要的可能是既有出口国与目标出口国的间接距离，而非中国与目标出口国之间的直接距离。并且按照由近及远的顺序，在企业不断开发潜在出口市场的过程中，前期较近的出口市场已经充分开发，使得邻近出口市场国中尚未实现的贸易关系相对较少，后期进入的出口市场可能反而距离中国较远，这一发现也与 Schmeiser（2012）对在位出口企业（区别于新出口企业）地理扩张模式的研究结论一致。出口市场国汇率波动率的优势比估计值为 1，表明汇率波动并不是影响企业潜在出口市场实现的关键因素。出口市场国进口关税税率的优势比估计值为 0.98，意味着进口国关税壁垒对中国企业建立新的贸易联系有明显的阻碍作用。东盟变量的优势比估计值介于 1.56～1.68 之间，说明中国出口企业更易于进入东盟成员国市场，验证了区域经济一体化下的贸易便利措施有利于深化成员国之间的贸易联系。

## 二、稳健性检验

### （一）对市场进入进行严格约束

上述研究将潜在出口市场的实现界定为 2004—2007 年中任意一年 $x_{nkt} > 0$，然而 Eaton 等（2007）的研究表明，企业的出口扩张并非"一劳永逸"，大部分的贸易关系会在一年内终止，这种"浅尝辄止"的企业做法与出口风险、出口利润、出口成本等信息不充分有关，是企业在各种不确定性作用下的试探行为（Albornoz et al. 2012）。针对中国样本，叶宁华等（2015）筛选了8875家新出口企业，发现其中近45%的样本仅出口一年就迅速退出，能存活两年的企业不足20%。严格意义上讲，这种短暂的"出口尝试"不能算作成功的市场进入。因此，本书对企业的市场进入行为进行了更为严格的约束，分别定义为持续出口两年、持续出口三年和持续出口四年，并继续考察企业出口存续期的影响效果。篇幅所限，表7-9仅报告了企业出口存续期变量的优势比估计值。对"成功"的市场进入行为进行严格约束后，企业出口存续期变量的优势比估计值仍在1%的水平上显著，且均大于1，与前文结论一致，说明出口存续期对企业能否进入出口市场以及出口状态的持续性均起到了正面作用，也就是说企业在既有出口市场的存续期长短也影响了其在后续出口市场中的出口持续性。需要指出的是，对市场进入做出严格约束后，企业全要素生产率变量开始出现不再显著的情况①，表明生产率对企业出口状态的影响效力远大于其对企业出口延续性的作用效果，这一发现也与叶宁华等（2015）的研究结论相符。

---

① 篇幅所限，未在文中列出，如有需要，可向作者索取。

**表 7 - 9　对企业的市场进入行为进行严格约束的稳健性检验结果**

| | | (1) | (2) | (3) | (4) |
|---|---|---|---|---|---|
| | | | 持续出口两年 | | |
| $D_{nkt}$ | DIST | 47.67*** (103.83) | | | |
| | DIST_β | | 60.14*** (105.85) | | |
| | GDPpc | | | 2.09*** (41.76) | |
| | GDPpc_β | | | | 2.12*** (41.76) |
| | Pseudo R2 | 0.2791 | 0.2850 | 0.1637 | 0.1634 |
| | N | 1019716 | 1019716 | 1019716 | 1019716 |
| | | | 持续出口三年 | | |
| $D_{nkt}$ | DIST | 67.74*** (71.62) | | | |
| | DIST_β | | 85.44*** (73.01) | | |
| | GDPpc | | | 2.30*** (30.19) | |
| | GDPpc_β | | | | 2.34*** (41.76) |
| | Pseudo R2 | 0.2820 | 0.2882 | 0.1678 | 0.1677 |
| | N | 602636 | 602636 | 602636 | 602636 |

续表

| | | (1) | (2) | (3) | (4) |
|---|---|---|---|---|---|
| | | | 持续出口四年 | | |
| $D_{nkt}$ | DIST | 115.11*** (43.83) | | | |
| | DIST_β | | 148.14*** (44.68) | | |
| | GDPpc | | | 2.21*** (15.88) | |
| | GDPpc_β | | | | 2.22*** (15.88) |
| | Pseudo R2 | 0.2958 | 0.3027 | 0.1704 | 0.1702 |
| | N | 238571 | 238571 | 238571 | 238571 |

注：***、**、* 分别表示参数估计值在 1%、5%、10% 的统计水平显著，括号内为 Z 值；篇幅所限，此处仅报告了企业出口存续期变量的估计结果。

179

## （二）内生性问题讨论

此外，上述回归分析也并未考虑双向因果关系可能导致的内生性问题。现实中存在如下情况，企业有一个既有出口市场 A 和一个潜在出口市场 B。一方面企业在既有出口市场 A 的出口存续期越长，积累的出口经验越丰富，越有利于企业将产品出口到 B。但另一方面，也可能是企业由于某些原因不愿直接进入 B，而是选择将 A 作为向 B 进军的"跳板"，也就是为了进入 B 而先进入 A。事实上，Nguyen（2012）就发现了基于出口不确定性的"延迟出口现象"，他认为企业面临的需求不确定性只有在进入出口市场后才可获悉，但由于需求在出口市场间具有相关性，企业可以利用已实现出口市场的需求信息去预测潜在出口市场的需求信息，因此可能会为了收集更多的国外需求信息而故意延迟出口。为了缓解这种反向因果关系可能带来的内生性问题，本书采用了滞后一期的企业出口存续期进行回归，结果见表 7 - 10。从滞后项的回归结果看，企业出口存续期的显著性未受影响，优势比估计值在 2.03 ~ 12.59 之间，说明在考虑内生性问题后，企业出口存续期与潜在出口市场进入的因果关系依然稳健。对比表 7 - 8 和表 7 - 10 的回归结果还可发现，考虑到内生性后，反映地理相似性企业出口存续期变量的优势比估计值大幅降低，说明可能的内生性问题也主要体现在该指标的运用上。这也意味着如果企业需要一个出口跳板市场积累出口经验，会倾向于在目标出口市场的附近寻找，而并非在与目标出口市场收入水平相近的国家中选择。也就是说，如果企业的终极出口目标是西欧市场，那么企业面对两个候选的跳板市场，一是与西欧邻近的东欧市场，二是与西欧收入水平相似的北美市场，出口企业会更倾向于前者。

表7-10 考虑内生性问题的稳健性检验结果

| | | (1) | (2) | (3) | (4) |
|---|---|---|---|---|---|
| L.D_nkt | DIST | 11.15***(80.81) | | | |
| | DIST_β | | 12.59***(12.59) | | |
| | GDPpc | | | 2.03***(48.42) | |
| | GDPpc_β | | | | 2.03***(46.89) |
| Tfp | | 1.41***(11.88) | 1.40***(11.49) | 1.47***(14.09) | 1.47***(14.03) |
| lnL | | 1.21***(23.95) | 1.22***(24.33) | 1.34***(37.19) | 1.35***(37.66) |
| lnGDP | | 1.72***(93.82) | 1.73***(94.29) | 1.81***(100.98) | 1.81***(100.73) |
| lnGDPpc | | 1.13***(14.46) | 1.13***(14.05) | 0.96***(-4.52) | 0.96***(-3.74) |
| lnDistance | | 1.09***(5.60) | 1.09***(5.02) | 1.03**(2.33) | 1.03**(2.23) |
| Rfe | | 1***(4.26) | 1***(4.16) | 1***(3.82) | 1***(3.89) |
| Tariff | | 0.98***(-11.52) | 0.98***(-11.46) | 0.98***(-9.99) | 0.98***(-10.00) |
| DM | | 1.65***(17.60) | 1.66***(17.84) | 1.72***(19.47) | 1.72***(19.53) |
| 行业 | | √ | √ | √ | √ |
| 省区 | | √ | √ | √ | √ |
| 年份 | | √ | √ | √ | √ |
| Pseudo R2 | | 0.1768 | 0.1765 | 0.1530 | 0.1521 |
| N | | 1167923 | 1167923 | 1167923 | 1167923 |

注：***、**、*分别表示参数估计值在1%、5%、10%的统计水平显著，括号内为Z值。

## （三）考虑"出口学习"效应

Melitz（2003）模型假定企业生产率水平不随时间变动，因此无论是理论模型的假设，还是实证过程的设计，本书均未考虑企业生产率随时间变动的情况。但是，企业出口市场决策是企业生产率水平与出口固定成本联合作用的结果，按照李春顶和赵美英（2010）、戴觅和余淼杰（2011）、钱学锋等（2011）、邱斌等（2012）的研究结论，中国制造业企业存在"出口学习"效应，那么企业生产率也将随企业出口存续期的延续而上升，我们便无法判断出口存续期提升企业进入潜在出口市场的可能性是因为进入出口市场的固定成本受到削减，还是因为企业出口生产率水平提高后更容易跨越零利润生产率门槛。为了剔除企业生产率的变动效应，我们本应采用样本期内企业第一年的生产率代替其此后各期的生产率水平，但由于计算2004年企业生产率所需的指标数据缺失情况较为严重，因此我们采用了2005年的生产率代替企业2006—2007年的生产率水平，并仅对2005—2007年的样本数据进行回归，结果详见表7-11。表7-11中企业出口存续期变量的优势比估计值在1.88～47.98之间，虽与基准回归结果相比有所弱化，但并未改变显著性和方向性，表明在控制"出口学习"效应后，出口存续期依然提高了企业进入潜在出口市场的概率，那么唯一的实现渠道就是削减了市场特定的出口固定成本。

表7-11 考虑"出口学习"效应的稳健性检验

| | | (1) | (2) | (3) | (4) |
|---|---|---|---|---|---|
| $D_{nkt}$ | DIST | 36.84***（140.30） | | | |
| | DIST_β | | 47.98***（142.89） | | |
| | GDPpc | | | 1.88***（54.22） | |
| | GDPpc_β | | | | 1.90***（53.55） |
| | Tfp | 1.13***（3.07） | 1.07*（1.70） | 1.56***（12.97） | 1.56***（12.92） |
| | lnL | 1.03***（3.71） | 1.02**（3.26） | 1.34***（35.45） | 1.34***（35.92） |
| | lnGDP | 1.79***（90.18） | 1.81***（90.89） | 1.81***（98.75） | 1.81***（98.52） |
| | lnGDPpc | 1.16***（15.96） | 1.15***（14.90） | 0.95***（-4.82） | 0.96***（-4.06） |
| | lnDistance | 1.23***（12.56） | 1.24***（13.10） | 1.03**（2.46） | 1.03**（2.33） |
| | Rfe | 1***（3.75） | 1***（3.50） | 1***（2.88） | 1***（2.96） |
| | Tariff | 0.98***（-12.61） | 0.97***（-12.59） | 0.98***（-11.07） | 0.98***（-11.00） |
| | DM | 1.54***（13.95） | 1.53***（13.67） | 1.61***（16.70） | 1.61***（16.76） |
| | 行业 | √ | √ | √ | √ |
| | 省区 | √ | √ | √ | √ |
| | 年份 | √ | √ | √ | √ |
| | Pseudo R2 | 0.2786 | 0.2853 | 0.1563 | 0.1557 |
| | N | 1083089 | 1083089 | 1083089 | 1083089 |

注：＊＊＊、＊＊、＊分别表示参数估计值在1%、5%、10%的统计水平显著，括号内为Z值。

### （四）内、外资企业差异的讨论

前期出口经验积累对出口市场开拓的有利影响在很大程度上体现为节约了与市场相关的各类信息搜寻成本。与内资企业相比，外资企业受益于跨国经营背景，具有较强的信息搜寻和信息处理优势，借助母公司构建的销售网络，外资企业能够更为有效地实现出口市场扩张。为了验证内、外资企业在出口经验利用效率上是否有所差异，本书将国有企业、集体企业和私营企业三类企业合并为内资企业，将三资企业对应为外资企业，并在模型中进一步引入了外资虚拟变量（外资企业 =1，否则为0），以及外资虚拟变量与企业出口存续期变量的交互项（$Dnkt * Foreign$），回归结果见表 7 - 12。外资虚拟变量的优势比估计值在0.67～0.72 之间，意味着外资背景对企业出口市场扩张具有抑制作用，这一结果与 Manova 和 Zhang（2009）的研究结论不谋而合，他们发现中国的外商独资企业与合资企业在出口市场多元化水平上远不及国有企业和私营企业。外资企业与当前出口市场的对外贸易联系比内资企业稳定，可能是由于外资企业的出口关系受其母公司全球经营战略的影响，出口市场的拓展更具规划性和定向性。外资虚拟变量与企业出口存续期的交互项均在1%的水平上显著，优势比估计值在1.13～1.51 之间，表明与内资企业相比，外资企业的出口存续期对其潜在出口市场开拓的作用效果更强，这也与外资企业更具信息优势的特性相符。

表 7 - 12 区分内、外资企业差异的稳健性检验结果

| | | (1) | (2) | (3) | (4) |
|---|---|---|---|---|---|
| $D_{nkt}$ | DIST | 33.96***(89.30) | | | |
| | DIST_β | | 44.78***(91.21) | | |
| | GDPpc | | | 1.71***(28.68) | |
| | GDPpc_β | | | | 1.74***(29.04) |
| Dnkt * Forgien | DIST | 1.51***(9.58) | | | |
| | DIST_β | | 1.51***(9.11) | | |
| | GDPpc | | | 1.14***(6.45) | |
| | GDPpc_β | | | | 1.13***(5.70) |
| | Foreign | 0.68***(-12.16) | 0.67***(-13.15) | 0.71***(-14.56) | 0.72***(-14.66) |
| | Tfp | 1.12***(3.95) | 1.08***(2.69) | 1.38***(13.21) | 1.38***(13.18) |
| | lnL | 1.01(1.28) | 1.00(0.78) | 1.31***(37.39) | 1.31***(37.77) |
| | lnGDP | 1.79***(103.65) | 1.81***(104.47) | 1.81***(113.74) | 1.81***(113.48) |
| | lnGDPpc | 1.17***(19.06) | 1.16***(17.81) | 0.95***(-5.33) | 0.96***(-4.49) |

续表

| | (1) | (2) | (3) | (4) |
|---|---|---|---|---|
| lnDistance | 1.21***(13.42) | 1.22***(14.16) | 1.01 (1.32) | 1.01(1.20) |
| Rfe | 1***(3.59) | 1***(3.22) | 1***(3.14) | 1***(3.22) |
| Tariff | 0.98***(-12.55) | 0.98***(-12.44) | 0.98***(-11.19) | 0.98***(-11.13) |
| DM | 1.57***(17.14) | 1.56***(16.81) | 1.68***(21.46) | 1.68***(21.53) |
| 行业 | √ | √ | √ | √ |
| 省区 | √ | √ | √ | √ |
| 年份 | √ | √ | √ | √ |
| Pseudo R2 | 0.2860 | 0.2931 | 0.1563 | 0.1557 |
| N | 1167923 | 1167923 | 1167923 | 1167923 |

注：***、**、*分别表示参数估计值在1%、5%、10%的统计水平显著，括号内为Z值。

# 第六节 本章小结

本章采用2000—2007年中国企业层面出口微观数据，研究企业出口存续期对其出口市场扩张的影响效果。首先，本章详细统计了各细分子样本的出口关系实现状况，发现国有企业和私营企业的出口市场扩张强于集体企业和三资企业，同时我国企业的出口市场拓展具有较强的收入阶梯性，欧美等发达经济体以及与中国邻近的亚洲市场仍是主要方向。其次，本书采用多种方案测算企业出口存续期，既考虑了潜在出口市场与既有出口市场之间的相似性，又区分了持续贸易关系与已中断贸易关系的区别，在各种计算方案下，已实现潜在出口关系的存续期均值显著高于未实现潜在出口关系的存续期均值，表明企业出口存续期的时间长度是影响其进入潜在出口市场的关键因素。第三，本书运用Logit模型验证了出口存续期对潜在出口市场进入的影响效果，发现企业出口存续期提高了我国制造业企业进入潜在出口市场的可能性，地理模式扩张是我国企业拓展出口市场的重要路径。在对市场进入做出严格约束，考虑可能存在的内生性影响、控制"学习出口"效应，以及区分内、外资企业差异后，均不影响研究结论的稳健性。

本书的政策启示主要在于：企业出口市场多元化的实现是一个动态而缓慢的过程，需要企业不断进入潜在出口市场并维持当前出口市场的贸易联系，本书的研究结论说明企业的出口行为具有较强的"马太效应"，即在前期出口市场的贸易存续期越长，越有利于后续出口市场开拓，并使其得到延续。为了助推我国企业拓展出口市场集，出口促进政策应由过去仅侧重于完成"内销"向"出口"的节点突破，转变到注重对已出口企业的全程指导。具体的，应延续企业在既有出口市场的贸易存续期，协助其抵御贸易摩擦等风险冲击，防止企业被动退出既有出口市场。在当前"一带一路"倡议背景下，为了帮助企业进入此前未曾涉足的出口市场，可以在"一带一路"沿线布局重要的"枢纽"国家，加强与这些国家的区域经济一体化和贸易自由化谈判，降低市场进入壁垒。一旦企业进入"枢纽"国家，就可以以其为基点，在"学习出口"效应的基础上，展开自我学习式的后续地理扩张。

第八章

# 研究结论与政策建议

当前我国"稳定外需"难度日益加大,传统市场的出口高速增长已经难以为继。美国制造业重振,欧元区在多种不确定因素下踟蹰不前,日本经济持续低迷。中国的产成品过度集中地出口到美国和欧盟,导致贸易摩擦与争端纠纷频发(王孝松和谢申祥,2012),并动辄升级为"贸易战",这对维护我国贸易大国地位,推进贸易强国进程构成巨大考验,也增加了宏观经济下行压力。另一方面,我国上一轮以发达经济体为主的外贸拓展模式仍然留存了向其他国家和地区进行贸易地理扩张的巨大空间。未来我国的对外贸易增长,要更加注重发挥扩展边际的潜力,出口市场多元化仍将是指导我国出口贸易发展的基本战略。本书旨在从出口存续期视角探索出口市场多元化的实现机制,从理论层面与实证层面研究出口存续期影响出口市场扩张的理论机制和现实效果,并最终提出"延续贸易存续期促进出口市场多元化"的新思路。本章首先就全文取得的诸多结论进行总结,并在此基础上提出了有助于提高出口市场多元化战略实施成效的政策建议,最后对下一步研究方向做出展望。

# 第一节　研究结论

首先，通过对相关文献的梳理，我们发现出口存续期问题进入学术视野的时间并不长，并且大部分文献集中于探讨出口存续期作为集约边际对贸易增长的意义以及对出口存续期本身的现象描述和影响因素分析，忽视了将出口存续期的持续时间作为企业出口经验获取渠道和积累载体的学术和实践价值。另一方面，出口市场多元化作为出口扩展边际的重要维度对出口增长的意义已毋庸置疑，在对其实现机制的研究中，除生产率和引力模型变量之外，出口经验的作用正逐渐引起学者的关注。出口存续期与出口市场多元化的联结机制在于"学习出口"效应的发挥，出口存续期作为出口活动的持续过程，通过出口经验积累，削减了企业进入出口市场的固定成本，从而相应地降低了该市场的零利润生产率门槛，提高了企业进入潜在出口市场的可能性。由于相似出口市场之间的"学习出口"效应会更强，又将进一步作用于企业出口市场扩张的地理方向。此外，企业自身的出口经验作为一种信息资源，还会通过"信息外溢"影响其他企业的出口市场决策，产生正的"外部性"。

其次，本书厘清了我国实施出口市场多元化战略的政策演化进程，进而从微观视角分析了中国制造业企业出口市场多元化的实施状况。出口市场多元化战略启动至今，从出口创汇到推动经济增长，再到稳定外需；从以发达国家为主体，到转向周边国家和发展中国家，再到聚焦"一带一路"沿线国家，不同的历史阶段赋予了其不同的政策意图。在出口市场多元化战略的实施状况方面，中国企业的多元市场出口情况非常普遍，多元市场出口企业是我国出口份额的主要创造者，我国企业整体出口结构表现为大量单一市场小规模出口企业与少数多元市场大规模出口企业并存，出口规模集中度较高。在所有制结构下，三资企业的出口市场多元化水平明显低于内资企业，在内资企业中，企业出口市场数目又与公有制经济成分成正比。企业内扩展边际与集约边际呈现出"U形"特征，即单位市场出口额的最低值出现在居中的出口市场集，这种"U形"关系表明，在企业拓展出口市场的动态过程中，市场范围的初期扩张会导致单个市场出口规模缩水，但在跨越一定阶段之后，又会迎来出口市场广度与深度的同步上升。本书还探讨了出口市场等级制度对中国的适用性，发现受欢迎程度越高的出口市场之间等级制度越模糊，我国企业在选择初始出口市场时可能具有分化特征，对美、日、欧、亚等出口市场各有侧重，但在随后以初始出口目的地为基础展开的后续市场扩张上，又部分遵循了出口市场等级制度。在出口市场动态调整方面，相当数量的企业退出了前期出口市场，说明出口试探行为不仅普遍存在于我国出口企业，而且尝试失败的概率并不低。我们还发现，三资企业与加工贸易企业的市场退出占比明显低于其他类型企业，表明其在出口市场试探过程中面临着较低的不确定性。总体而言，受欢迎程度越低的出口市场企业进入和退出的比例越高。并且，出口市场的稳定性随出口市场范围的增加而递减。通过对我国总出口变动额的分解，本书量化了出口市场多元化对我国出口扩张的贡献度，发现出口市场多元化既能在出口快速增长期"锦上添花"，又能在传统出口市场出现负面冲击时"雪中送炭"，在出口促进和出口稳定方面均具有有效性。

　　第三，采用海关数据库与中国工业企业数据库的对接数据，本书实证检验了企业出口存续期与出口市场多元化之间的直接关系。参照Besedeš 和 Prusa（2006a，2006b）的方法，本书以样本期出口市场国内生产总值为权重，加权平均计算了企业层面的出口存续期，并验证了出口存续期与企业出口市场数目之间的正向因果关系。模型回归结果表明出口存续期与企业出口市场数目之间呈"倒 U 形"关系，拐点位置显示我国制造业企业的出口存续期取值区间位于"倒 U 形"曲线的左侧，因此延续企业在出口市场的存续状态是推进我国制造业企业出口市场多元化的可行路径。此外，企业生产率、企业出口规模、企业生产规模和企业要素密集度均提升了企业出口市场多元化水平。我们变更了出口存续期的计算方式以及出口市场多元化的定义方式，采取滞后期变量和工具变量法缓解双向因果关系带来的内生性问题，并应用了广义倾向得分匹配法缓解样本选择偏误带来的内生性问题，多种方法的稳健性检验，保证了出口存续期与企业出口市场数目正向因果关系的可信度。

第四，本书以 Melitz（2003）模型为理论基础，构建了一个考虑企业生产率异质性，需要支付市场特定出口固定（沉没）成本的垄断竞争模型，对出口存续期影响企业出口市场多元化的作用机制尝试以数理模型进行解释。数理模型的推导结果表明，出口存续期削减了市场特定的出口固定成本，降低了企业进入出口市场的零利润生产率门槛，并进而作用于企业出口市场多元化水平。值得注意的是，模型还表明出口存续期对市场特定出口固定成本的削减机制并不会对已出口企业的出口规模产生影响，这也是本书并未在实证部分考察出口存续期对已出口企业出口规模影响作用的原因。

第五，在采用中国制造业产品层面出口数据验证上述理论机制的过程中，我们发现，在由 4356 个制造业出口产品与 189 个出口市场国组成的 823284 个产品—市场对贸易关系中，经过基准期筛选，2000 年共识别出 629120 个潜在出口关系，截至 2016 年底，仍有 309922 个潜在出口关系尚待实现，约占全部潜在出口关系的 49%，证实了我国实施出口市场多元化战略推动出口增长的合理性。加入世贸组织前我国出口市场开拓具有明显的收入偏好特征，但在前期市场开发已较为充分的基础上，继续挖掘高收入国家的出口市场呈现出不可持续性，而低收入国家出口市场的后续开发空间则较大。回归结果表明，产品出口存续期与潜在市场进入之间存在"倒 U 形"关系，出口存续期对潜在出口市场开拓的促进作用会随时间而衰减，并且在超过一定的临界值后体现为抑制作用。同时，我国出口市场的扩张具有较强的路径依赖特征。出口市场国 GDP、出口市场国人均 GDP、中国与出口市场国双边地理距离、出口市场国进口关税税率、中国参与区域经济一体化是影响中国制造业产品出口市场扩张的关键变量。线性概率模型的估计结果与 Logit 模型一致，并且通过计算"倒 U 形"曲线的拐点位置，本书还发现对于绝大多数出口产品而言，出口存续期起到了促进出口市场开拓的作用，但仍有极少部分成熟产品表现出较大的市场开发难度。对此可能的解释是，成熟产品在前期出口市场已经开发较为充分的基础上，后续的市场拓展会愈发困难。同时，成熟产品所适应的消费者偏好很难与新出口市场的需求特征相匹配，有待进行优化和改造。并且，成熟产品的生产门槛也较低，在其背后意味着更高水平的市场竞争。在对出口市场进入行为做出更为严格的约束后，我们发现随着对"成功"的市场进入定义愈加严格，出口存续期对潜在出口市场开发的作用效果会越强。与同质产品相比，差异产品在进入新市场时需要支付更多的信息搜寻成本，其出口市场的实现比同质产品更为困难，而出口存续期能够有效降低市场进入固定成本，推动该类产品的出口市场扩张。

第六，在采用中国制造业企业层面出口数据验证上述理论机制的过程中，我们发现，在由 5782 个制造业出口企业与 160 个出口市场国组成的 925120 个企业—市场对出口关系中，经过基准期筛选，2004 年共识别出 854824 个潜在出口关系，其中 39686 个潜在出口关系在 2004—2007 年间得到实现，至 2007 年底，仍有 815138 个潜在出口关系尚待实现，占全部出口关系的 88%。可见，企业层面潜在出口关系的测算赋予了出口市场多元化战略更大的实施空间。欧美等发达经济体，以及与中国邻近的亚洲市场仍是我国企业出口市场扩张的主要方向。回归结果表明，企业出口存续期越长，企业进入潜在出口市场的概率越大。地理扩张模式是我国企业拓展出口市场的重要路径。出口市场国的经济规模、进口关税税率，中国参与区域经济一体化也是影响我国制造业企业出口市场实现的关键变量。在对市场进入进行严格约束、考虑双向因果关系导致的内生性问题和"出口学习"效应后并不影响研究结论的稳健性。此外，与内资企业相比，外资企业的跨国经营背景对其出口市场扩张具有抑制作用，但由于更具信息优势，外资企业的出口存续期对其潜在出口市场开拓的作用效果更强。

第七，长期以来，二元边际理论侧重于探讨扩展边际与集约边际在贸易增长中的作用孰轻孰重，将扩展边际和集约边际视为相互排斥、非此即彼的关系。本书从理论机制和作用效果方面探讨了作为出口集约边际的出口存续期与作为出口扩展边际的出口市场多元化之间存在的正向因果关系，使得二元边际由对立走向统一，为看待出口二元边际的内部关系开启了新的思路。

## 第二节　政策建议

结合本书的理论与实证分析，我们得到以下政策启示：

第一，将出口市场多元化作为对外贸易的基本战略，长期稳定地执行下去。出口市场多元化战略提出的 30 余年，伴随了中国对外贸易起步与壮大的主要进程，为我国出口增长与经济发展做出了突出贡献。然而，我国政府对出口市场多元化的强调与外汇紧缺、规避经济封锁、为应对全球经济危机而"稳定外需"的历史背景不无关联，难免被视为一种"权宜之计"，在出口的高速增长期，就会随之淡化。事实上，出口市场多元化战略在拉动出口增长之余，还兼具了诸多贸易利得（AL-marhubi，2000；Herzer et al. 2006；Bacchetta et al. 2007；Hesse，2009；Sakho et al. 2009；易会文和黄汉民，2014），因此应注重这一政策的持续性，长期稳定地执行下去。与此同时，出口市场多元化的重点布局应有别于以往以发达经济体为主的空间拓展模式，力求在稳定欧美传统出口市场的基础上，将出口市场多元化的重心向亚洲周边国家和拉美经济体逐步转移（张会清和唐海燕，2012）。

第二，增强企业在出口市场的抗风险能力，提高企业的出口持续性，从而为积累出口经验创造条件，以此促进出口市场扩张。为了助推我国企业拓展出口市场，出口促进政策应由过去仅侧重于完成"内销"向"出口"的节点突破，转变到注重对已出口企业的全程指导。本书既已证明延续企业在出口市场的存续状态是实现出口市场多元化的有效途径，那么帮助企业抵御各类海外市场风险的政策措施不仅会在集约边际上发挥作用，还为扩展边际的扩张提供了条件，能在更大程度上促进出口增长。反之，如若企业因风险冲击而被迫退出海外市场，也意味着可能失去了未来进入更多出口市场的机会。因此，一方面我国出口企业需要继续提升外贸风险防范意识和技巧，增强自身的抗风险能力；另一方面，贸易主管部门要在风险监测与预警、信息搜集与发布等方面提供公共服务，防止企业被动退出当前出口市场，丧失"学习出口"与积累出口经验的机会。

第三，对制造业出口企业，要尤为强调"学习出口"效应。制造业是我国产业结构转型升级的内核，也是我国对外贸易顺差的主要来源。我国外贸顺差主要产生于最终消费品，而其中相当部分是由机器、运输设备和电子产品所贡献（王孝松和谢申祥，2012）。这些产品的共同特征便是高度差异化，与同质产品相比，其在出口过程中面临着更高的信息搜寻成本（崔凡和宁丹虹，2010）。因此，稳定和扩大制造业出口，巩固贸易顺差基础，更需要充分发挥"学习出口"效应，降低出口固定成本，促进出口市场拓展。另一方面，出口企业除了依靠自身的学习获取出口经验外，还可以从其他企业的信息传递中搜集必要的出口信息（Wagner 和 Zahler，2015）。加强信息的外溢也是帮助企业降低出口固定成本的有效途径，行业协会和贸易主管部门组织学习培训，强化有关出口市场的信息沟通均有助于发挥信息外溢机制，助推出口市场的快速与成功扩张。

第四，企业出口市场的扩张应更具规划性。出口市场多元化战略的实施应有方向性和规划性，目标出口市场的进入不一定要一蹴而就，依据市场相似性逐步延伸出口市场能在更大程度上利用前期经验降低出口固定成本，节约企业市场开发的投资费用，提高出口扩张的成功率和出口促进措施的有效性。此外，还需要有计划地在重要的地理节点先行部署出口"跳板"。在当前"一带一路"倡议背景下，为了帮助企业进入此前未曾涉足的新兴出口市场，可以根据出口市场国的地理区位，分中亚、东南亚、南亚、中东欧、西亚和中东、蒙俄等地理方向在"一带一路"沿线设置重要的"枢纽"国家，加强与这些国家的双边或多边经贸合作，降低市场进入壁垒。一旦企业进入"枢纽"国家，就可以以其为基点，在"学习出口"效应的作用下，展开自我学习式的后续地理扩张。国内出口企业也要根据所处地区的区位、产业和文化优势，有针对性地选择在"一带一路"沿线国家开拓出口市场，扩大与"一带一路"沿线国家的贸易合作（邹嘉龄等，2015）。

第五，缓解出口企业所受的融资约束，解决新增出口市场的固定成本以及应对出口市场风险的融资问题。企业在出口市场扩张的过程中，除了需要具备必要的生产率水平和出口经验之外，还受到了融资约束的限制。Melitz（2003）模型设定于完全的金融市场，而现实世界却是不完全金融市场，企业受到较为普遍的融资约束。世界银行的调研数据显示，融资约束是我国85%的非金融类上市公司最大的发展障碍（Claessens 和 Tzioumis，2006）。基于出口沉没成本的逻辑，出口企业比内资企业更容易遭受到融资约束（颜海明和李强，2016），融资约束对中国企业的出口参与产生重要影响，尤以民营企业最为显著（孙灵燕和李荣林，2012），对企业内出口二元边际的四个维度（包括出口目的地数目）共同构成限制作用，从出口广度和深度两个方面阻碍了企业出口规模扩张（邱斌和杨晓云，2014）。此外，当企业遭遇出口市场风险时，意味着更高的违约率和营运资金需求，更需要获得融资支持，以维持企业出口存续。因此，改善我国制造业出口企业的外部融资环境，有效化解"融资难"问题也是促进我国出口市场多元化，维护贸易平稳健康发展的重要举措。

第六，培养和加强出口企业的科技创新能力，提高企业新产品的研发力度。本书的研究既已证明出口企业采用过于成熟的产品去开拓新的出口市场会较为困难，而另一方面，无论是产品创新还是工艺创新，均能促进企业的出口参与，并且产品创新的促进作用又要大于工艺创新（黄先海等，2015）。其背后的机理可能在于企业为了开拓出口市场，在产品创新过程中，会主动地迎合国外需求偏好，进行原有产品的改进和优化，力求获得在国际市场上的生存和发展（吴飞飞和邱斌，

2015）。而在工艺创新过程中，新机器和新设备的使用提高了企业生产效率，降低了生产成本，提升了企业在海外市场的竞争力。由此，为了推进出口企业的国际化进程，要鼓励企业加大研发创新投入，提升出口产品的科技含量，通过出口产品种类的多样化实现出口市场的多元化。政府层面也应立足于创新型国家建设，面向"中国制造2025"，打造企业创新平台，培养企业创新能力，进一步加大 R&D 投入，充分发挥创新对企业出口的积极作用。

第七，积极参与国际经济一体化安排，推进贸易便利化，妥善处理贸易纠纷与摩擦。贸易壁垒对中国企业的海外生存风险有着显著的正向影响，增加了我国企业退出出口市场的概率，缩短了出口存续期（何有良，2018）。为了给中国企业出口市场扩张创造有利的外部环境，一方面，我国需要更为积极地融入全球化进程，投身区域经济一体化组织建设，推进贸易便利化，降低出口市场的进入壁垒。既要通过进一步扩大货物贸易、服务贸易和投资准入的开放程度，启动与发达经济体新的区域经济一体化安排。又要深化亚洲内部的经济一体化进程，在广大发展中国家内"重点布局，形成龙头"，选择地理区位较优，经济趋势较好的国家先行推进自贸区谈判和签约（岳文和陈飞翔，2014）。另一方面，在贸易摩擦与贸易纠纷频发的当下，如果不能较为妥善地处理贸易争端而动辄引发"贸易战"，将导致出口市场的进入壁垒高企，不仅增加了企业在既有出口市场中的生存风险，也对后续的出口市场扩张形成阻碍。因此，中国应坚持利用 WTO 的争端解决机制捍卫自身权益，采用"合法"手段予以回击，还要学会利用策略性的回击抑制对方的加税冲动（马弘等，2018）。

## 第三节　研究展望

我们认为，在本书所做研究的基础上，还有以下几个方面值得未来做进一步的思考：

首先，既有文献缺乏对多产品出口企业的出口市场决策的考察（Segura – Cayuela 和 Vilarrubia，2008），与本书的研究逻辑相结合，后续可以在更高细分维度的企业—产品—市场对（firm – product – market）层面研究出口存续期对潜在市场进入的影响，并在理论模型中同时引入市场特定的出口固定成本与产品特定的出口固定成本，探讨出口存续期对出口企业在市场与产品种类两个维度扩张的影响效果，考察企业如何在出口市场扩张与出口产品种类扩张之间做出选择。

第二，本书的理论分析还仅是一个粗略的框架，主要建立在对既有文献和理论的梳理基础上，如何深化出口存续期影响出口市场扩张的理论模型还有待继续深入研究，特别是需要由局部均衡模型发展到一般均衡模型。

第三，囿于逻辑框架限制，我们仅探讨了出口存续期对企业出口市场扩张的影响机制与作用效果，然而，出口存续期作为企业出口经验的获取渠道和动态积累过程，还可以在出口不确定性和"学习出口"效应两个方向进行后续的深入研究。前者可以检验出口存续期是否降低了出口企业的不确定性。由于在不确定性框架下的试探性贸易行为带有初始贸易小额化的显著特征，可以通过研究出口存续期与企业初始贸易规模的因果关系检验出口存续期是否降低了企业出口的不确定性。后者则涉及出口存续期与企业全要素生产率的因果关系，尽管"学习出口"

效应的相关研究已经形成了较为丰富的前期成果，但从出口存续期视角进行考察仍是有待尝试的新角度。

第四，为了防止出现"生产率"悖论问题，本书在企业层面的机制验证过程中剔除了加工贸易类企业样本，但这并不意味着加工贸易缺乏研究价值。事实上，加工贸易巨大的出口体量在中国的外贸格局中占据了重要地位，对中国经济增长的贡献度也早已毋庸置疑，鉴于其出口市场的扩张过程始终有别于一般贸易类企业，还可以对加工贸易企业的出口市场扩张进行有针对性的专门研究。

# 附 录

附表 -1 产品出口存续期均值——按产品类型细分

| $D_{nkt}$ 计算方案 | 初级产品 | 资源型产品 | 低技术产品 | 中技术产品 | 高技术产品 | 资本品 | 中间产品 | 消费品 |
|---|---|---|---|---|---|---|---|---|
| 子样本（N） | 893214 | 2666790 | 4372893 | 3463614 | 1420146 | 2040255 | 8398782 | 3492531 |
| VAL | 7.735 | 8.885 | 10.188 | 8.893 | 9.926 | 8.381 | 8.757 | 9.723 |
| VAL_DIST | 4.239 | 5.214 | 6.566 | 5.634 | 6.338 | 5.486 | 5.336 | 6.141 |
| VAL_DIST_β | 4.196 | 5.154 | 6.503 | 5.576 | 6.285 | 5.436 | 5.281 | 6.081 |
| VAL_GDPpc | 4.026 | 4.973 | 6.290 | 5.428 | 6.112 | 5.294 | 5.121 | 5.856 |
| VAL_GDPpc_β | 3.983 | 4.914 | 6.227 | 5.370 | 6.059 | 5.244 | 5.066 | 5.797 |
| 潜在出口关系（N） | 805698 | 2190994 | 3016055 | 2621383 | 1050039 | 1520667 | 6639112 | 2478073 |
| VAL | 7.503 | 8.497 | 9.622 | 8.370 | 9.410 | 7.735 | 8.299 | 9.049 |
| DISTVAL | 3.998 | 4.753 | 5.722 | 4.973 | 5.637 | 4.743 | 4.769 | 5.244 |
| DISTVALβ | 3.960 | 4.701 | 5.661 | 4.919 | 5.588 | 4.695 | 4.719 | 5.191 |
| GDPpcVAL | 3.827 | 4.556 | 5.489 | 4.840 | 5.490 | 4.638 | 4.612 | 4.979 |
| GDPpcVALβ | 3.787 | 4.501 | 5.426 | 4.783 | 5.439 | 4.588 | 4.559 | 4.923 |
| 已实现潜在出口关系（N） | 208420 | 848164 | 1841984 | 1526787 | 639999 | 996183 | 3134460 | 1131707 |
| VAL | 9.130 | 9.632 | 10.082 | 9.187 | 10.312 | 8.794 | 9.364 | 10.734 |
| VAL_DIST | 5.238 | 5.784 | 6.324 | 5.766 | 6.492 | 5.608 | 5.747 | 6.699 |
| VAL_DIST_β | 5.167 | 5.702 | 6.251 | 5.698 | 6.432 | 5.548 | 5.677 | 6.620 |

续表

| $D_{nkt}$ 计算方案 | 初级产品 | 资源型产品 | 低技术产品 | 中技术产品 | 高技术产品 | 资本品 | 中间产品 | 消费品 |
|---|---|---|---|---|---|---|---|---|
| VAL_GDPpc | 5.11 | 5.646 | 6.126 | 5.683 | 6.391 | 5.546 | 5.638 | 6.423 |
| VAL_GDPpc_β | 5.058 | 5.579 | 6.061 | 5.624 | 6.339 | 5.493 | 5.578 | 6.354 |
| 未实现潜在出口关系（N） | 597278 | 1342830 | 1174071 | 1094596 | 410040 | 524484 | 3504652 | 1346366 |
| VAL | 6.935 | 7.780 | 8.901 | 7.230 | 8.001 | 5.724 | 7.347 | 7.633 |
| VAL_DIST | 3.565 | 4.103 | 4.777 | 3.867 | 4.303 | 3.101 | 3.895 | 4.021 |
| VAL_DIST_β | 3.539 | 4.068 | 4.737 | 3.833 | 4.270 | 3.075 | 3.862 | 3.991 |
| VAL_GDPpc | 3.377 | 3.868 | 4.489 | 3.663 | 4.085 | 2.913 | 3.693 | 3.764 |
| VAL_GDPpc_β | 3.343 | 3.868 | 4.429 | 3.610 | 4.035 | 2.870 | 3.646 | 3.720 |

数据来源：作者根据 UN Comtrade 数据库和 Lall（2000）产品分类标准整理所得。

### 附表-2　产品出口存续期均值——按出口市场国收入水平细分

| $D_{nkt}$ 计算方案 | 高收入 | 中高收入 | 中低收入 | 低收入 |
|---|---|---|---|---|
| 子样本（N） | 4813380 | 3406392 | 3406392 | 2221560 |
| VAL | 8.922 | 8.922 | 8.922 | 8.922 |
| VAL_DIST | 5.784 | 5.426 | 5.497 | 5.352 |
| VAL_DIST_β | 5.726 | 5.372 | 5.441 | 5.297 |
| VAL_GDPpc | 5.554 | 5.514 | 5.374 | 4.767 |
| VAL_GDPpc_β | 5.499 | 5.457 | 5.317 | 4.713 |
| 潜在出口关系（N） | 3241968 | 2694500 | 2653598 | 1958094 |
| VAL | 8.097 | 8.392 | 8.437 | 8.661 |
| VAL_DIST | 4.751 | 4.852 | 4.887 | 5.049 |
| VAL_DIST_β | 4.700 | 4.801 | 4.836 | 4.996 |
| VAL_GDPpc | 4.479 | 5.005 | 4.950 | 4.590 |
| VAL_GDPpc_β | 4.427 | 4.950 | 4.896 | 4.537 |
| 已实现潜在出口关系（N） | 1610869 | 1398131 | 1367480 | 892,109 |
| VAL | 9.140 | 9.586 | 9.600 | 10.050 |
| VAL_DIST | 5.739 | 5.887 | 5.949 | 6.231 |
| VAL_DIST_β | 5.664 | 5.817 | 5.881 | 6.166 |

| $D_{nkt}$ 计算方案 | 高收入 | 中高收入 | 中低收入 | 低收入 |
|---|---|---|---|---|
| VAL_GDPpc | 5.655 | 5.982 | 5.894 | 5.616 |
| VAL_GDPpc_β | 5.596 | 5.922 | 5.835 | 5.549 |
| 未实现潜在出口关系（N） | 1631099 | 1296369 | 1286118 | 1065985 |
| VAL | 7.067 | 7.103 | 7.199 | 7.498 |
| VAL_DIST | 3.775 | 3.758 | 3.735 | 4.060 |
| VAL_DIST_β | 3.748 | 3.706 | 3.724 | 4.017 |
| VAL_GDPpc | 3.318 | 3.947 | 3.951 | 3.731 |
| VAL_GDPpc_β | 3.271 | 3.901 | 3.898 | 3.690 |

数据来源：作者根据 UN Comtrade 数据库、CEPII 数据库和 WDI 数据库整理所得。

## 附表 -3 产品出口存续期均值——按出口市场国地理位置细分

| $D_{ntk}$ 计算方案 | 东亚与太平洋 | 欧洲与中亚 | 拉丁美洲与加勒比海 | 中东与北非 | 北美 | 南亚 | 撒哈拉以南非洲 |
|---|---|---|---|---|---|---|---|
| 子样本（N） | 2443716 | 3480444 | 2739924 | 1481040 | 222156 | 592416 | 3036132 |
| VAL | 8.922 | 8.922 | 8.922 | 8.922 | 8.922 | 8.922 | 8.922 |
| VAL_DIST | 5.630 | 5.712 | 5.318 | 5.853 | 5.422 | 5.781 | 5.307 |
| VAL_DIST_β | 5.574 | 5.652 | 5.268 | 5.789 | 5.376 | 5.722 | 5.253 |
| VAL_GDPpc | 5.136 | 5.755 | 5.055 | 5.276 | 5.769 | 5.373 | 5.173 |
| VAL_GDPpc_β | 5.083 | 5.697 | 5.003 | 5.222 | 5.769 | 5.315 | 5.116 |
| 潜在出口关系（N） | 1596793 | 2588709 | 2271081 | 1033294 | 109701 | 412369 | 2683093 |
| VAL | 8.316 | 8.219 | 8.453 | 8.036 | 7.863 | 8.286 | 8.638 |
| VAL_DIST | 4.541 | 4.973 | 4.786 | 4.890 | 4.183 | 5.065 | 4.997 |
| VAL_DIST_β | 4.496 | 4.917 | 4.742 | 4.830 | 4.154 | 5.010 | 4.946 |
| VAL_GDPpc | 4.412 | 4.948 | 4.505 | 4.424 | 4.044 | 4.809 | 4.863 |
| VAL_GDPpc_β | 4.363 | 4.892 | 4.455 | 4.373 | 3.990 | 4.755 | 4.807 |
| 已实现潜在出口关系（N） | 676056 | 1445119 | 993225 | 663119 | 38981 | 207961 | 1259003 |
| VAL | 9.278 | 9.423 | 9.752 | 9.106 | 7.886 | 9.292 | 9.958 |
| VAL_DIST | 5.532 | 6.014 | 5.918 | 5.794 | 4.516 | 5.959 | 6.113 |

续表

| $D_{ntk}$ 计算方案 | 东亚与太平洋 | 欧洲与中亚 | 拉丁美洲与加勒比海 | 中东与北非 | 北美 | 南亚 | 撒哈拉以南非洲 |
|---|---|---|---|---|---|---|---|
| VAL_DIST_β | 5.452 | 5.946 | 5.847 | 5.721 | 4.448 | 5.891 | 6.047 |
| VAL_GDPpc | 5.124 | 6.115 | 5.969 | 5.192 | 4.750 | 5.587 | 5.976 |
| VAL_GDPpc_β | 5.072 | 6.053 | 5.910 | 5.135 | 4.687 | 5.524 | 5.909 |
| 未实现潜在出口关系（N） | 920737 | 1143590 | 1277856 | 370175 | 70720 | 204408 | 1424090 |
| VAL | 7.610 | 6.699 | 7.443 | 6.119 | 7.850 | 7.262 | 7.471 |
| VAL_DIST | 3.813 | 3.658 | 3.906 | 3.271 | 3.999 | 4.155 | 4.011 |
| VAL_DIST_β | 3.795 | 3.616 | 3.883 | 3.234 | 3.992 | 4.113 | 3.973 |
| VAL_GDPpc | 3.890 | 3.474 | 3.368 | 3.047 | 3.655 | 4.017 | 3.878 |
| VAL_GDPpc_β | 3.843 | 3.425 | 3.324 | 3.007 | 3.607 | 3.971 | 3.832 |

数据来源：作者根据 UN Comtrade 数据库和 2016《World development indicators》整理所得。

附表-4　企业出口存续期均值——按企业类型细分

| $D_{ntk}$ 计算方案 | 三资企业 | 国有企业 | 集体企业 | 私营企业 | 东部企业 | 中部企业 | 西部企业 |
|---|---|---|---|---|---|---|---|
| 子样本（N） | 3022080 | 220800 | 285440 | 171520 | 3413760 | 173440 | 113280 |
| DIST | 0.221 | 0.314 | 0.340 | 0.377 | 0.244 | 0.224 | 0.224 |
| DIST_β | 0.194 | 0.271 | 0.294 | 0.325 | 0.214 | 0.193 | 0.194 |
| GDPpc | 0.214 | 0.325 | 0.340 | 0.371 | 0.239 | 0.224 | 0.225 |
| GDPpc_β | 0.189 | 0.281 | 0.295 | 0.321 | 0.210 | 0.195 | 0.196 |
| 潜在出口关系（N） | 2815380 | 198396 | 254396 | 150488 | 3153368 | 160712 | 105216 |
| DIST | 0.156 | 0.220 | 0.245 | 0.271 | 0.172 | 0.167 | 0.161 |
| DIST_β | 0.137 | 0.189 | 0.211 | 0.233 | 0.150 | 0.144 | 0.139 |
| GDPpc | 0.168 | 0.266 | 0.269 | 0.288 | 0.186 | 0.189 | 0.180 |
| GDPpc_β | 0.147 | 0.229 | 0.231 | 0.246 | 0.162 | 0.163 | 0.155 |
| 已实现潜在出口关系（N） | 118512 | 11980 | 17116 | 11136 | 147192 | 7784 | 3768 |

续表

| $D_{ntk}$ 计算方案 | 三资企业 | 国有企业 | 集体企业 | 私营企业 | 东部企业 | 中部企业 | 西部企业 |
|---|---|---|---|---|---|---|---|
| DIST | 0.550 | 0.609 | 0.664 | 0.675 | 0.581 | 0.496 | 0.525 |
| DIST_β | 0.497 | 0.546 | 0.598 | 0.603 | 0.524 | 0.443 | 0.466 |
| GDPpc | 0.553 | 0.620 | 0.673 | 0.656 | 0.585 | 0.480 | 0.525 |
| GDPpc_β | 0.501 | 0.556 | 0.609 | 0.585 | 0.530 | 0.427 | 0.467 |
| 未实现潜在出口关系（N） | 2696868 | 186416 | 237280 | 139352 | 3006176 | 152928 | 101448 |
| DIST | 0.139 | 0.195 | 0.214 | 0.238 | 0.152 | 0.150 | 0.147 |
| DIST_β | 0.121 | 0.166 | 0.183 | 0.203 | 0.132 | 0.129 | 0.126 |
| GDPpc | 0.151 | 0.244 | 0.240 | 0.259 | 0.167 | 0.174 | 0.168 |
| GDPpc_β | 0.131 | 0.208 | 0.204 | 0.218 | 0.144 | 0.149 | 0.144 |

数据来源：作者根据海关数据库与中国工业企业数据库对接整理所得。

### 附表-5  企业出口存续期均值——按出口市场国收入水平细分

| $D_{ntk}$ 计算方案 | 高收入 | 中高收入 | 中低收入 | 低收入 |
|---|---|---|---|---|
| 子样本（N） | 1017632 | 716968 | 948248 | 971376 |
| DIST | 0.358 | 0.203 | 0.214 | 0.189 |
| DIST_β | 0.316 | 0.176 | 0.186 | 0.165 |
| GDPpc | 0.534 | 0.196 | 0.139 | 0.067 |
| GDPpc_β | 0.480 | 0.165 | 0.117 | 0.056 |
| 潜在出口关系（N） | 840828 | 671584 | 903904 | 956744 |
| DIST | 0.176 | 0.156 | 0.179 | 0.178 |
| DIST_β | 0.154 | 0.136 | 0.156 | 0.155 |
| GDPpc | 0.423 | 0.169 | 0.122 | 0.061 |
| GDPpc_β | 0.378 | 0.142 | 0.102 | 0.051 |
| 已实现潜在出口关系（N） | 75592 | 36612 | 34216 | 12296 |
| DIST | 0.573 | 0.533 | 0.599 | 0.655 |
| DIST_β | 0.517 | 0.479 | 0.540 | 0.593 |
| GDPpc | 0.781 | 0.437 | 0.362 | 0.356 |

续表

| $D_{ntk}$ 计算方案 | 高收入 | 中高收入 | 中低收入 | 低收入 |
|---|---|---|---|---|
| GDPpc_β | 0.715 | 0.384 | 0.321 | 0.318 |
| 未实现潜在出口关系（N） | 765236 | 634972 | 869688 | 944448 |
| DIST | 0.137 | 0.134 | 0.162 | 0.172 |
| DIST_β | 0.118 | 0.116 | 0.140 | 0.150 |
| GDPpc | 0.388 | 0.153 | 0.112 | 0.057 |
| GDPpc_β | 0.345 | 0.128 | 0.094 | 0.047 |

数据来源：作者根据海关数据库与 WDI 数据库整理所得。

### 附表-6　企业出口存续期均值——按出口市场国地理位置细分

| $D_{ntk}$ 计算方案 | 亚洲 | 北美洲 | 大洋洲及太平洋群岛 | 拉丁美洲 | 欧洲 | 非洲 |
|---|---|---|---|---|---|---|
| 子样本（N） | 925120 | 46256 | 208152 | 740096 | 786352 | 994504 |
| DIST | 0.357 | 0.437 | 0.160 | 0.156 | 0.305 | 0.160 |
| DIST_β | 0.313 | 0.398 | 0.140 | 0.135 | 0.268 | 0.139 |
| GDPpc | 0.248 | 0.545 | 0.240 | 0.175 | 0.444 | 0.097 |
| GDPpc_β | 0.217 | 0.486 | 0.213 | 0.148 | 0.399 | 0.082 |
| 潜在出口关系（N） | 813316 | 22852 | 194548 | 708720 | 698784 | 981076 |
| DIST | 0.218 | 0.226 | 0.113 | 0.125 | 0.209 | 0.149 |
| DIST_β | 0.191 | 0.203 | 0.100 | 0.109 | 0.182 | 0.130 |
| GDPpc | 0.198 | 0.323 | 0.169 | 0.156 | 0.338 | 0.091 |
| GDPpc_β | 0.173 | 0.289 | 0.147 | 0.132 | 0.301 | 0.076 |
| 已实现潜在出口关系（N） | 49684 | 6732 | 6660 | 26024 | 56524 | 13120 |
| DIST | 0.601 | 0.361 | 0.476 | 0.524 | 0.596 | 0.656 |
| DIST_β | 0.540 | 0.332 | 0.428 | 0.471 | 0.539 | 0.590 |
| GDPpc | 0.429 | 0.462 | 0.780 | 0.450 | 0.778 | 0.493 |
| GDPpc_β | 0.386 | 0.416 | 0.710 | 0.398 | 0.710 | 0.441 |

续表

| $D_{ntk}$ 计算方案 | 亚洲 | 北美洲 | 大洋洲及太平洋群岛 | 拉丁美洲 | 欧洲 | 非洲 |
|---|---|---|---|---|---|---|
| 未实现潜在出口关系（N） | 763632 | 16120 | 187888 | 682696 | 642260 | 967956 |
| DIST | 0.194 | 0.169 | 0.100 | 0.110 | 0.175 | 0.142 |
| DIST_β | 0.168 | 0.149 | 0.088 | 0.095 | 0.151 | 0.124 |
| GDPpc | 0.183 | 0.265 | 0.147 | 0.144 | 0.300 | 0.085 |
| GDPpc_β | 0.159 | 0.236 | 0.127 | 0.121 | 0.165 | 0.072 |

数据来源：作者根据海关数据库和《中国统计年鉴》对国家地理位置的划分标准整理所得。

# 参考文献

[1] 陈勇兵, 李梦珊, 李冬阳. 出口经验, 沉没成本与企业出口广化——来自中国微观企业的证据 [J]. 财经论丛, 2015, 191 (2): 3 – 10.

[2] 陈勇兵, 李梦珊, 赵羊, 等. 企业出口市场的选择: 一个文献综述 [J]. 财贸研究, 2015, 26 (03): 50 – 60.

[3] 陈勇兵, 李燕, 周世民. 中国企业出口持续时间及其决定因素 [J]. 经济研究, 2012, 47 (07): 48 – 61.

[4] 陈勇兵, 王晓伟, 谭桑. 出口持续时间会促进新市场开拓吗——来自中国微观产品层面的证据 [J]. 财贸经济, 2014 (6): 79 – 89.

[5] 崔凡, 宁丹虹. 国际贸易中的网络和中介——国际贸易研究的最新发展 [J]. 经济学动态, 2010 (08): 113 – 118.

[6] 戴觅, 余淼杰, Maitra Madhura. 中国出口企业生产率之谜: 纯出口企业的作用 [J]. CCER 讨论稿, 2011 (C2011018).

[7] 戴觅, 余淼杰. 企业出口前研发投入、出口及生产率进步——来自中国制造业企业的证据 [J]. 经济学 (季刊), 2012, 11

（01）：211 – 230.

[8] 范里安. 微观经济学现代观点（第六版）［M］. 费方域，译. 上海：上海人民出版社，2006.

[9] 冯伟，邵军，徐康宁. 贸易多元化战略下的贸易联系持续期分析——以我国纺织品出口为例［J］. 经济评论，2013（02）：121 – 128.

[10] 冯伟，邵军，徐康宁. 我国农产品出口贸易联系持续期及其影响因素：基于生存模型的实证研究［J］. 世界经济研究，2013（06）：59 – 65.

[11] 冯伟，邵军. 我国机电产品出口贸易联系持续期的影响因素研究［J］. 国际经贸探索，2013，29（05）：4 – 16.

[12] 谷克鉴. 国际经济学对引力模型的开发与应用［J］. 世界经济，2001（02）：14 – 25.

[13] 何有良. 贸易壁垒会加剧中国出口企业生存风险吗——以中国企业遭遇反倾销为例［J］. 国际贸易问题，2018（01）：145 – 153.

[14] 黄先海，胡馨月，刘毅群. 产品创新、工艺创新与我国企业出口倾向研究［J］. 经济学家，2015（04）：37 – 47.

[15] 黄先海，周子俊. 中国出口广化中的地理广化、产品广化及其结构优化［J］. 管理世界，2011（10）：20 – 31.

[16] 杰弗里·M. 伍德里奇. 计量经济学导论：现代观点［M］. 北京：中国人民大学出版社，2003.

[17] 李春顶. 中国出口企业是否存在"生产率悖论"基于中国制造业企业数据的检验［J］. 世界经济，2010（7）：64 – 81.

[18] 李春顶，尹翔硕. 我国出口企业的"生产率悖论"及其解释［J］. 财贸经济，2009（11）：84 – 90.

[19] 李春顶，赵美英. 出口贸易是否提高了我国企业的生产率？——基于中国 2007 年制造业企业数据的检验 [J]. 财经研究，2010，36（04）：14-24.

[20] 林常青. 中国对美国出口贸易持续时间及影响因素的研究 [J]. 国际贸易问题，2014（01）：61-70.

[21] 林常青，许和连. 出口经验对出口市场扩张的影响研究——基于出口持续时间视角 [J]. 中南财经政法大学学报，2017（02）：138-146.

[22] 林常青，张相文. 出口经验会促进出口产品扩张吗？[J]. 数量经济技术经济研究，2016（01）：20-37.

[23] 马弘，滕越，徐嫄. 中美贸易摩擦升级战略思考——基于日本经验的视角 [J]. 国际贸易，2018（03）：32-40.

[24] 马相东，王跃生. "一带一路"建设与中国出口市场多元化新发展 [J]. 中共中央党校学报，2017（02）：27-36.

[25] 聂辉华，江艇，杨汝岱. 中国工业企业数据库的使用现状和潜在问题 [J]. 世界经济，2012（5）：142-158.

[26] 綦建红，冯晓洁. 市场相似性、路径依赖与出口市场扩张——基于 2000—2011 年中国海关 HS-6 产品数据的检验 [J]. 南方经济，2014（11）：25-42.

[27] 钱学锋，王菊蓉，黄云湖，等. 出口与中国工业企业的生产率——自我选择效应还是出口学习效应？[J]. 数量经济技术经济研究，2011，28（2）：37-51.

[28] 钱学锋，王胜，陈勇兵. 中国的多产品出口企业及其产品范围：事实与解释 [J]. 管理世界，2013（01）：9-27.

[29] 钱学锋，余弋. 出口市场多元化与企业生产率：中国经验

[J]．世界经济，2014，37（02）：3－27.

[30] 强永昌，龚向明．出口多样化一定能减弱出口波动吗——基于经济发展阶段和贸易政策的效应分析 [J]．国际贸易问题，2011 (1)：12－19.

[31] 邱斌，刘修岩，赵伟．出口学习抑或自选择：基于中国制造业微观企业的倍差匹配检验 [J]．世界经济，2012 (4)：23－40.

[32] 邱斌，闫志俊．异质性出口固定成本，生产率与企业出口决策 [J]．经济研究，2015，50 (9)：142－155.

[33] 邱斌和杨晓云．多产品企业、融资约束与出口二元边际 [J]．东南大学学报（哲学社会科学版），2014，16（05）：25－33.

[34] 邵军．中国出口贸易联系持续期及影响因素分析——出口贸易稳定发展的新视角 [J]．管理世界，2011（06）：24－33.

[35] 盛斌．中国对外贸易政策的政治经济分析/当代经济学文库 [M]．上海：上海人民出版社，2002.

[36] 孙楚仁，张楠，刘雅莹．"一带一路"倡议与中国对沿线国家的贸易增长 [J]．国际贸易问题，2017（02）：83－96.

[37] 孙灵燕，李荣林．融资约束限制中国企业出口参与吗？[J]．经济学（季刊），2012，11（01）：231－252.

[38] 孙少勤，邱斌，唐保庆，等．加工贸易存在"生产率悖论"吗？一个经验分析与理论解释 [J]．世界经济与政治论坛，2014 (2)：75－91.

[39] 王孝松和谢申祥．对外贸易差额结构与中国新经济增长模式 [J]．经济理论与经济管理，2012（12）：15－28.

[40] 吴飞飞，邱斌．产品创新、生产率与企业出口决策 [J]．软科学，2015，29（11）：11－15.

［41］吴小康. 国际贸易中的同质和差异产品分类：小问题也可以有大贡献［J］. 国际经贸探索，2015，31（5）：18－33.

［42］颜海明和李强. 危机冲击、外部融资依赖与企业出口［J］. 中国经济问题，2016（04）：86－97.

［43］杨长湧. 我国出口市场多元化战略的现状、影响及对策［J］. 宏观经济研究，2010（06）：12－18.

［44］叶宁华，包群，张伯伟. 进入，退出与中国企业出口的动态序贯决策［J］. 世界经济，2015（2）：86－111.

［45］易会文，黄汉民. 出口市场多元化对制造业企业利润率的影响［J］. 中南财经政法大学学报，2014（06）：116－122.

［46］岳文，陈飞翔. 积极加速我国自由贸易区的建设步伐［J］. 经济学家，2014（01）：40－47.

［47］张二震，张晓磊. 全球价值链、贸易增长"失速"与中国对策［J］. 国际商务研究，2017，38（01）：5－18.

［48］张凤，孔庆峰. 出口固定投入成本与扩展边际理论研究述评及展望［J］. 经济评论，2013（6）：151－158.

［49］张会清，唐海燕. 中国的出口潜力：总量测算、地区分布与前景展望——基于扩展引力模型的实证研究［J］. 国际贸易问题，2012（01）：12－25.

［50］邹嘉龄，刘春腊，尹国庆，等. 中国与"一带一路"沿线国家贸易格局及其经济贡献［J］. 地理科学进展，2015，34（05）：598－605.

［51］AGOSIN M R，BRAVO－ORTEGA C. The Emergence of New Successful Export Activities in Latin America：The Case of Chile［J］. Research Department Publications，2009，2（3265）.

[52] AITKEN B, HANSON G, HARRISON A E. Spillovers, Foreign Investment, and Export Behavior [R]. National Bureau of Economic Research, 1994.

[53] AITKEN N D. The Effect of the EEC and EFTA On European Trade: A Temporal Cross – Section Analysis [J]. The American Economic Review, 1973, 63 (5): 881 – 892.

[54] ALBORNOZ F, PARDO H F C, CORCOS G, et al. Sequential Exporting [J]. Journal of International Economics, 2012, 88 (1): 17 – 31.

[55] ALCHIAN A. Reliability of Progress Curves in Airframe Production [J]. Econometrica: Journal of the Econometric Society, 1963: 679 – 693.

[56] AL – MARHUBI F. Export Diversification and Growth: An Empirical Investigation [J]. Applied economics letters, 2000, 7 (9): 559 – 562.

[57] ALVAREZ R, LOPEZ R A. Exporting and Performance: Evidence From Chilean Plants [J]. Canadian Journal of Economics/Revue canadienne d'économique, 2005, 38 (4): 1384 – 1400.

[58] ÁLVAREZ R, FARUQ H, LÓPEZ R A. Is Previous Export Experience Important for New Exports? [J]. The Journal of Development Studies, 2013, 49 (3): 426 – 441.

[59] AMITI M, FREUND C. The Anatomy of China's Export Growth [M]. The World Bank, 2008.

[60] AMURGO – PACHECO A, PIEROLA M D. Patterns of Export Diversification in Developing Countries: Intensive and Extensive Margins

[M]. Washington：The World Bank，2008.

[61] ARROW K J. The Economic Implications of Learning by Doing [J]. The review of economic studies，1962，29（3）：155 – 173.

[62] AW B Y，CHEN X，ROBERTS M J. Firm – Level Evidence On Productivity Differentials and Turnover in Taiwanese Manufacturing [J]. Journal of Development Economics，2001，66（1）：51 – 86.

[63] BALDWIN R，HARRIGAN J. Zeros，Quality，and Space：Trade Theory and Trade Evidence [J]. American Economic Journal：Micro-economics，2011，3（2）：60 – 88.

[64] BASTOS P，SILVA J. Networks，Firms，and Trade [M]. Washington：The World Bank，2012.

[65] BERNARD A B，EATON J，JENSEN J B，et al. Plants and Productivity in International Trade [J]. American economic review，2003，93（4）：1268 – 1290.

[66] BERNARD A B，JENSEN J B，SCHOTT P K. Importers，Exporters and Multinationals：A Portrait of Firms in the US that Trade Goods. [M] //Producer dynamics：New evidence from micro data Chicago：University of Chicago Press，2009：513 – 552

[67] BERNARD A B，VAN BEVEREN I，VANDENBUSSCHE H. Multi – Product Exporters，Carry – Along Trade and the Margins of Trade [J] Dartmouth College，Mimeo，2010.

[68] BESEDES T，BLYDE J. What Drives Export Survival? An Analysis of Export Duration in Latin America [J]. Inter – American Development Bank，mimeo，2010：1 – 43.

[69] BESEDEš T，PRUSA T J. Ins，Outs，and the Duration of Trade

[J]. Canadian Journal of Economics/Revue canadienne d´économique, 2006a, 39 (1): 266 – 295.

[70] BESEDEš T, PRUSA T J. Product Differentiation and Duration of US Import Trade [J]. Journal of International Economics, 2006b, 70 (2): 339 – 358.

[71] BESEDEš T, PRUSA T J. The Role of Extensive and Intensive Margins and Export Growth [J]. NBER Working Paper, 2007 (13628).

[72] BLANES – CRISTÓBAL J V, DOVIS M, MILGRAM – BALEIX J, et al. Do Sunk Exporting Costs Differ Among Markets? Evidence From Spanish Manufacturing Firms [J]. Economics Letters, 2008, 101 (2): 110 – 112.

[73] BRENTON P, SABOROWSKI C, UEXKULL E V. What Explains the Low Survival Rate of Developing Country Export Flows? [J]. The World Bank Economic Review, 2010, 24 (3): 474 – 499.

[74] CAI H, LIU Q. Competition and Corporate Tax Avoidance: Evidence From Chinese Industrial Firms [J]. The Economic Journal, 2009, 119 (537): 764 – 795.

[75] CASETTI E. Generating Models by the Expansion Method: Applications to Geographical Research [J]. Geographical analysis, 1972, 4 (1): 81 – 91.

[76] CASTAGNINO T. Export Costs and Geographic Diversification: Does Experience Matter? [R]. Working Paper, Central Bank of Argentina (BCRA), 2010.

[77] CASTILLO J, SILVENTE F R. Export Dynamics and Information Spillovers: Evidence From Spanish Firms [R]. Working Paper 1103. Uni-

versidad de Valencia, 2011.

[78] CHANEY T. Distorted Gravity: The Intensive and Extensive Margins of International Trade [J]. American Economic Review, 2008, 98 (4): 1707 - 1721.

[79] CLAESSENS S, TZIOUMIS K. Measuring Firms´ Access to Finance [R]. The World Bank, 2006: 1 - 25.

[80] CLERIDES S K, LACH S, TYBOUT J R. Is Learning by Exporting Important? Micro - Dynamic Evidence From Colombia, Mexico, and Morocco [J]. The quarterly journal of economics, 1998, 113 (3): 903 - 947.

[81] DAMIJAN J P, POLANEC S, PRAšNIKAR J. Self - Selection, Export Market Heterogeneity and Productivity Improvements: Firm Level Evidence From Slovenia [R]. LICOS Discussion paper, 2004.

[82] DEFEVER F, HEID B, LARCH M. Spatial Exporters [J]. Journal of International Economics, 2015, 95 (1): 145 - 156.

[83] EATON J, ESLAVA M& KUGLER M, et al. Export Dynamics in Colombia: Firm-Level Evidence [R]. National Bureau of Economic Research, 2007.

[84] EATON J, KORTUM S, KRAMARZ F. An Anatomy of International Trade: Evidence From French Firms [J]. Econometrica, 2011, 79 (5): 1453 - 1498.

[85] EATON J, KORTUM S, KRAMARZ F. Dissecting Trade: Firms, Industries, and Export Destinations [J]. American Economic Review, 2004, 94 (2): 150 - 154.

[86] ELIASSON K, HANSSON P, LINDVERT M. Do Firms Learn by

Exporting Or Learn to Export? Evidence From Small and Medium – Sized Enterprises (SMEs) in Swedish Manufacturing [J]. Economic Studies Working Paper, 2009, 15: 1 – 34.

[87] ESTEVE-PÉREZ S, REQUENA-SILVENTE F, PALLARDÓ-LOPEZ V J. The Duration of Firm-Destination Export Relationships: Evidence From Spain, 1997 – 2006 [J]. Economic Inquiry, 2013, 51 (1): 159 – 180.

[88] EVENETT S J, VENABLES A J. Export Growth in Developing Countries: Market Entry and Bilateral Trade Flows [R]. University of Bern Working Paper, mimeo, 2002.

[89] FABLING R, GRIMES A, SANDERSON L. Whatever Next? Export Market Choices of New Zealand Firms [J]. Papers in Regional Science, 2012, 91 (1): 137 – 159.

[90] FAFCHAMPS M, EL – HAMINE S, ZEUFACK A. Learning to Export: Evidence From Moroccan Manufacturing [J]. Journal of African Economies, 2007, 17 (2): 305 – 355.

[91] FELBERMAYR G J, KOHLER W. Exploring the Intensive and Extensive Margins of World Trade [J]. Review of World Economics, 2006, 142 (4): 642 – 674.

[92] FERNANDES A M, ISGUT A E. Learning – by – Exporting Effects: Are they for Real? [J]. Emerging Markets Finance and Trade, 2015, 51 (1): 65 – 89.

[93] GIRMA S, GREENAWAY D, KNELLER R. Export Market Exit and Performance Dynamics: A Causality Analysis of Matched Firms [J]. Economics letters, 2003, 80 (2): 181 – 187.

［94］GÖRG H, KNELLER R, MURAKÖZY B. What Makes a Successful Export? Evidence From Firm – Product – Level Data ［J］. Canadian Journal of Economics/Revue canadienne d´économique, 2012, 45（4）: 1332 – 1368.

［95］GREENAWAY D, KNELLER R. Exporting, Productivity and Agglomeration ［J］. European economic review, 2008, 52（5）: 919 – 939.

［96］GREENAWAY D, KNELLER R. Firm Heterogeneity, Exporting and Foreign Direct Investment ［J］. The Economic Journal, 2007, 117（517）: F134 – F161.

［97］HAUSMAN J, HALL B H, GRTLTCHES Z. Econometric Models for Count Data with an Application to the Patents – R&D Relationship ［J］. Econometrica, 1984, 52（4）.

［98］HAUSMANN R, RODRIK D. Economic Development as Self – Discovery ［J］. Journal of development Economics, 2003, 72（2）: 603 – 633.

［99］HELPMAN E, MELITZ M, RUBINSTEIN Y. Estimating Trade Flows: Trading Partners and Trading Volumes ［J］. The Quarterly Journal of Economics, 2008, 123（2）: 441 – 487.

［100］HERZER D, NOWAK – LEHNMANN D F. What Does Export Diversification Do for Growth? An Econometric Analysis ［J］. Applied economics, 2006, 38（15）: 1825 – 1838.

［101］HESS W, PERSSON M. Exploring the Duration of EU Imports ［J］. Review of World Economics, 2011, 147（4）: 665.

［102］HIRANO K, IMBENS G W. The Propensity Score with Continuous Treatments [J]. Applied Bayesian modeling and causal inference from incomplete – data perspectives, 2004, 226164: 73 – 84.

[103] HIRSCH W Z. Manufacturing Progress Functions [J]. The Review of Economics and Statistics, 1952, 34 (2): 143 – 155.

[104] HOPENHAYN H A. Entry, Exit, and Firm Dynamics in Long Run Equilibrium [J]. Econometrica: Journal of the Econometric Society, 1992, 60 (5): 1127 – 1150.

[105] HUANG J, WANG Y, BAO Q. Firm Productivity and Sales Destinations: Evidence From within China [J]. Economic Inquiry, 2015, 53 (1): 205 – 219.

[106] HUMMELS D, KLENOW P J. The Variety and Quality of a Nation's Exports [J]. American Economic Review, 2005, 95 (3): 704 – 723.

[107] KANCS D A. Trade Growth in a Heterogeneous Firm Model: Evidence From South Eastern Europe [J]. World Economy, 2007, 30 (7): 1139 – 1169.

[108] KNELLER R, PISU M. Export Barriers: What are they and Who Do they Matter to? [R]. University of Nottingham, GEP, 2007.

[109] KOENIG P, MAYNERIS F, PONCET S. Local Export Spillovers in France [J]. European Economic Review, 2010, 54 (4): 622 – 641.

[110] KRAUTHEIM S. Heterogeneous Firms, Exporter Networks and the Effect of Distance On International Trade [J]. Journal of International Economics, 2012, 87 (1): 27 – 35.

[111] KRUGMAN P. Scale Economies, Product Differentiation, and

the Pattern of Trade ［J］. The American Economic Review, 1980, 70 (5): 950 – 959.

［112］LALL S. The Technological Structure and Performance of Developing Country Manufactured Exports, 1985 – 98 ［J］. Oxford development studies, 2000, 28 (3): 337 – 369.

［113］LATOUCHE K, SHONKWILER J, CHEVASSUS – LOZZA E. The Role of Previous Export Behaviour On Current Firm Exports: Evaluating Both Participation and Export Volumes ［C］//IATRC Annual Meeting: Trade in Agriculture: So Much Done, So Much More to Do. Berkeley, USA, 2010.

［114］LAWLESS M. Firm Export Dynamics and the Geography of Trade ［J］. Journal of International Economics, 2009, 77 (2): 245 – 254.

［115］LEVINSOHN J, PETRIN A. Estimating Production Functions Using Inputs to Control for Unobservables ［J］. The Review of Economic Studies, 2003, 70 (2): 317 – 341.

［116］MANOVA K, ZHANG Z. China's Exporters and Importers: Firms, Products and Trade Partners ［R］. National Bureau of Economic Research, 2009.

［117］MELITZ M J. The Impact of Trade On Intra – Industry Reallocations and Aggregate Industry Productivity ［J］. Econometrica, 2003, 71 (6): 1695 – 1725.

［118］MUÑOZ – SEP ULVEDA J A, RODRIGUEZ D. Geographical and Industrial Spillovers in Entry Decisions Across Export Markets ［J］. Applied Economics, 2015, 47 (39): 4168 – 4183.

[119] MUÛLS M, PISU M. Imports and Exports at the Level of the Firm: Evidence from Belgium [J]. World Economy, 2009, 32 (5): 692 – 734.

[120] NGUYEN D X. Demand Uncertainty: Exporting Delays and Exporting Failures [J]. Journal of International Economics, 2012, 86 (2): 336 – 344.

[121] NITSCH V. Die Another Day: Duration in German Import Trade [J]. Review of World Economics, 2009, 145 (1): 133 – 154.

[122] OBASHI A. Stability of Production Networks in East Asia: Duration and Survival of Trade [J]. Japan and the World Economy, 2010, 22 (1): 21 – 30.

[123] ÖZLER Ş, TAYMAZ E, YILMAZ K. History Matters for the Export Decision: Plant – Level Evidence From Turkish Manufacturing Industry [J]. World Development, 2009, 37 (2): 479 – 488.

[124] PÖYHÖNEN P. A Tentative Model for the Volume of Trade Between Countries [J]. Weltwirtschaftliches Archiv, 1963, 90: 93 – 100.

[125] RAKHMAN A. Three Essays On Export Relationship Duration [D]. Washingtoin: The George Washington University, 2011.

[126] RANJAN P, RAYCHAUDHURI J. Self – Selection Vs Learning: Evidence From Indian Exporting Firms [J]. Indian Growth and Development Review, 2011, 4 (1): 22 – 37.

[127] RAUCH J E, WATSON J. Starting Small in an Unfamiliar Environment [J]. International Journal of Industrial Organization, 2003, 21 (7): 1021 – 1042.

[128] RAUCH J E. Networks Versus Markets in International Trade

[J]. Journal of international Economics, 1999, 48（1）：7 – 35.

[129] ROBERTS M J, TYBOUT J R. An Empirical Model of Sunk Costs and the Decision to Export [M]. Washington：The World Bank, 1999.

[130] ROBERTS M J, TYBOUT J R. The Decision to Export in Colombia：An Empirical Model of Entry with Sunk Costs [J]. The American Economic Review, 1997, 87（4）：545 – 564.

[131] RODRIK D. What's so Special About China's Exports? [J]. China & World Economy, 2006, 14（5）：1 – 19.

[132] SAKHO Y, GONZALEZ O C. Strengthening Bolivian Competitiveness：Export Diversification and Inclusive Growth [M]. Washington：The World Bank, 2009.

[133] SCHMEISER K N. Learning to Export：Export Growth and the Destination Decision of Firms [J]. Journal of International Economics, 2012, 87（1）：89 – 97.

[134] SEGURA – CAYUELA R, VILARRUBIA J M. Uncertainty and Entry Into Export Markets [J]. Documentos de trabajo del Banco de España, 2008（11）：5 – 38.

[135] SHEARD N. Learning to Export and the Timing of Entry to Export Markets [J]. Review of International Economics, 2014, 22（3）：536 – 560.

[136] SHESHINSKI E. Tests of the" Learning by Doing" Hypothesis [J]. The review of Economics and Statistics, 1967, 49（4）：568 – 578.

[137] STIGLER G J. The Economies of Scale [J]. The Journal of Law and Economics, 1958, 1：54 – 71.

[138] TINBERGEN J, HEKSCHER A. Shaping the World Economy: Suggestions for an International Economic Policy. [M]. New York: Twentieth Century Fund, 1962.

[139] VAN – BIESEBROECK J. Exporting Raises Productivity in sub-Saharan African Manufacturing Firms [J]. Journal of International economics, 2005, 67 (2): 373 – 391.

[140] VENABLES A J. Integration and the Export Behaviour of Firms: Trade Costs, Trade Volumes and Welfare [J]. Review of World Economics, 1994, 130 (1): 118 – 132.

[141] VOLPE – MARTINCUS C, CARBALLO J. Survival of New Exporters in Developing Countries: Does It Matter How they Diversify? [R]. IDB working paper series, 2009.

[142] WAGNER R, ZAHLER A. New Exports From Emerging Markets: Do Followers Benefit From Pioneers? [J]. Journal of Development Economics, 2015, 114: 203 – 223.

[143] WAKASUGI R, TANAKA A. Firm Heterogeneity and Different Modes of Internationalization: Evidence from Japanese Firms [R]. Kyoto University, Institute of Economic Research, 2009.

[144] WANG L, ZHAO Y. Does Experience Facilitate Entry Into New Export Destinations? [J]. China & World Economy, 2013, 21 (5): 36 – 59.

[145] WRIGHT T P. Factors Affecting the Cost of Airplanes [J]. Journal of the aeronautical sciences, 1936, 3 (4): 122 – 128.